고객이 몰려오는 1등 매장의 비법

고객이 몰려오는 1등 매장의 비법

초판 1쇄 발행 | 2025년 1월 31일

지은이 | 손광현
펴낸이 | 김지연
펴낸곳 | 생각의빛

본문 레이아웃 이미지 | 김정민

출판등록 | 2018년 8월 6일 제 406-2018-000094호

ISBN | 979-11-6814-096-7(03190)

원고 투고 | sangkac@nate.com
블로그 | blog.naver.com/sangkac

* 값 18,900원

고객이 몰려오는

1등 매장의 비법

손광현 지음

생각의빛

chapter 4.

판촉 기획

chapter 5.

매장연출

chapter 6.

관리자의 역할

chapter 7.

목표 수립

chapter 10.

재고관리

chapter 11.

조회

chapter 12.

온라인 마케팅

Chapter 1

매출 늘리기 공식

소매 영업을 제일 잘하는 1등 매장은 어떤 매장일까?

매출이 많고, 이익이 많이 나는 매장이다.

그럼, 매출 증대를 위한 핵심 전략은 무엇일까?

첫째, 매장 방문객을 늘리는 것.

효과적인 마케팅, 이벤트 개최, 소셜 미디어 활용으로 고객을 매장으로 유도한다.

둘째, 방문하는 고객을 올바르게 접객하는 것.

고객을 환영하고 긍정적인 경험을 제공하는 과정이다.

셋째, 올바른 접객을 통하여 판매 성공률을 높이는 것.

판매사원의 제품 지식 강화, 의사소통, 스킬 강화, 개별 맞춤 상담으로 상담 성공률을 높인다.

넷째, 자연스럽게 추가 매출을 유도하여 객단가를 높이는 것.

부가가치 상품 제안, 프로모션 활용, 멤버십 프로그램 운영으로 고객에게 추가구매 유도 및 특별 혜택을 부여한다.

그러면 세부적인 내용을 살펴볼까요?

소매 매출 늘리는 공식의 4대 구성 요소
매출 = 내방 객수 * 접객, 상담 건수 * 판매 성공률 * 객단가

내방 객 수 늘리기

① 새로운 잠재고객을 확보한다.

• 주 고객층이 장년층이고 피로 회복의 메시지를 전달하였던 박카〇가 건강과 웰빙으로 메시지를 변화하면서 최근 젊은 층으로 고객 범위를 확장하고 있다. 새로운 고객층을 확보하여 매출 성장과 시장 경쟁력을 높이는 전략으로 바뀌고 있다.

• 최근 남성들의 패션과 미용에 관한 관심이 높아지는 추세를 고려하여 백화점에서 남성 전용 코너를 확대, 신설하였다. 이는 남성 패션과 미용 시장의 성장성을 고려한 적극적인 대응 전략이다.

- 백화점에 중국인용 명품 전시실 코너를 마련하였다. 중국 관광객을 유치하여 매출을 증대시키며, 브랜드 이미지를 강화하는 전략이다.
- 일본 편의점의 경우 노년층이 선호하는 제품을 개발, 진열을 넓혀 고객층을 확대하고 있다.

위 예시들은 제품의 주 고객층을 유지하면서 새로운 고객을 추가로 확보하여 전체 고객 수를 늘리는 것이다.

② 고객의 방문 빈도를 높인다.

- 상품 구색을 주기적으로 변화시킨다.

회원제로 운영하는 대형 할인점 코스○○는 정기적으로 전체 상품의 15%를 교체하여 고객이 '이번엔 어떤 상품이 새로 들어왔을까?' 하는 궁금증을 자아내게 한다.
- 가격이 비싼 내구재를 판매하는 매장은 비교적 가격이 싼 내구재나 가격이 낮은 비내구재를 비치함으로써 매장의 방문 빈도를 높이는 것이다.
- 가구 전문점 ○케○는 화병, 소파 쿠션 등의 소품을 판매하고, 한○은 주방 조리 기구, 향초 등 생활 소품 전시대를 운영함으로써 방문 빈도를 높이는 노력을 하고 있다.

이런 소품들이 미끼 역할을 하여 방문 빈도를 높이고, 동시에 매출도 높여준다.

- 백화점의 문화센터 운영, 이벤트 개최 등도 효과적인 전략이다.

③ 판매 후 고객관리 및 추가구매 욕구를 파악한다.

· 해피콜
판매 후 고객에게 감사 전화를 하여 구매 만족도를 높이는 동시에 향후 추가구매 욕구를 파악한다.

· VIP 고객 관리
고액 매출 고객에 대한 사후 관리를 하여 지속적인 관계 형성을 한다.

④ 상담 후 제품을 구매하지 않은 고객을 가망고객으로 등록하고 지속 관리하여 내방 유도를 한다.

· 단기 가망 고객
당일 또는 일주일 안에 제품을 구매할 가능성이 높은 고객이다.

· 중기 가망 고객

상담 후 1~2개월 이내에 제품을 구매할 가능성이 높은 고객이다.

• 장기 가망 고객

제품 구매 시점이 명확하지 않은 고객이나, 당사 제품에 대해 관심이 많고 향후 필요시 구매할 가능성이 있는 고객이다.

⑤ 멤버십 및 보상 프로그램 강화

• 구매 고객뿐만 아니라 매장을 방문한 모든 고객을 멤버십 프로그램에 가입시키고, 고객 관계 강화를 통하여 충성도를 높인다. 멤버십의 혜택인 구매 금액에 따른 적립 포인트나 회원 전용 특별 이벤트를 통해, 고객들에게 가치를 제공한다.
• 기존 구매 고객 중에도 멤버십에 가입하지 않은 고객에게 멤버십 혜택을 설명하면서 가입을 권유한다.
• 신규 구매 고객은 당연히 멤버십에 가입하도록 권유한다.

⑥ 단골 손님을 확보한다.

• 경쟁 매장과 차별화된 가치를 부여하여 우리 매장을 꾸준히 찾아주는 단골손님을 만든다.

• 월별 단골손님 확보 목표를 세우고 그 목표 달성에 주력한다.

예) 우수 판매사원의 사례를 보면 3년 안에 100명의 단골손님 확보라는 목표를 세우고 꾸준히 고객관리를 하여 목표를 달성한다.

⑦ 고객 데이터 분석

• 고객의 구매 이력, 선호도, 구매 주기 등을 분석하여 개인 맞춤형 서비스를 제공한다. CRM(고객 관계 관리) 시스템을 활용하여 고객 정보를 체계적으로 관리하고 활용한다.

⑧ 타겟 마케팅 캠페인

• 고객 세분화를 통해 특정 그룹에 맞춘 마케팅 캠페인을 실행한다.
• 성별, 나이, 관심사에 따라 다양한 채널을 통해 효과적인 광고를 전개한다.

⑨ 매장 내부 디자인 및 진열 최적화

• 상품의 진열 위치와 디자인을 최적화하여 고객이 쇼핑하기 편

하도록 분위기를 연출한다.

• 최근 유행 제품이나 신제품은 눈에 잘 띄는 위치에 배치하여 고객의 호기심을 자극한다.

⑩ 홍보 및 할인 전략

• 특정 날짜나 이벤트를 활용한 할인 프로모션을 진행하여 소비자들의 관심을 유도하고 홍보한다.

• 구매 금액에 따른 할인, 적립금 혜택 등 다양한 프로모션을 도입한다.

⑪ 고객 피드백 수집

• 매장 내에서 소비자들의 의견을 수렴하는 설문 조사나 피드백 상자를 마련하여 고객 의견을 직접 수집한다.

• 온라인 리뷰 플랫폼을 적극 활용하여 고객들의 의견을 파악하고 개선 사항을 도출한다.

⑫ 체험형 이벤트 개최

- 상품 체험 이벤트나 워크숍을 주기적으로 개최하여 소비자들이 상품을 직접 체험하고 즐길 수 있도록 유도한다.
- 이를 통해 매장을 방문하는 고객들의 쇼핑 경험을 향상시킨다.

⑬ 디지털 마케팅 강화

- 소셜 미디어 및 이메일 마케팅을 통해 신상품 소식, 할인 정보 등을 적극적으로 알린다.
- 모바일 앱을 활용하여 특별 할인 및 이벤트를 알리고 소비자들의 참여를 유도한다.

⑭ 지역 사회 참여

- 지역 이벤트에 참여하거나 지역 사회 기관과의 협력을 통해 매장의 지역 사회 참여를 강화한다.
- 지역주민들과의 소통을 통해 매장의 지역성을 부각하고 상호 신뢰를 쌓을 수 있다.

접객, 상담 건수 늘리기

① 친절하고 환영하는 태도

첫인상이 고객의 구매 태도에 많은 영향을 미친다. 진심 어린 미소와 친절한 인사로 고객에게 긍정적인 첫인상을 제공하며, 고객들이 편안하게 쇼핑할 수 있도록 분위기를 연출한다.

② 적극적인 접근

방문객이 특정 상품에 관심을 보이거나 어떤 것을 찾고 있는지를 파악하고, 이에 맞춰 적극적으로 상담에 들어간다.

"고객님, 도와드릴까요?"와 같은 문구를 사용하여 소통의 시작을 유도한다. 이때 주의할 점은 너무 갑작스러운 접근보다는 고객이 주위를 두리번거리거나 판매사원을 찾는 시점에 즉각적인 반응을 보여야 한다.

③ 상품 지식 향상

매장 판매 직원들이 제품에 대한 충분한 지식과 판매 정책, 고객에 대한 편익 제공 내용 등을 충분히 숙지하여 고객의 궁금증에 신속하고 정확하게 대답할 수 있어야 한다.

제품의 장점과 특징, 사용 방법 등을 자세히 알고 있으면 상담이 원활해진다.

④ 개인 맞춤형 상담

고객들의 개인 특성에 맞는 맞춤형 상담을 제공하여 고객의 개별적인 요구사항에 부합하는 상품을 추천한다.

과거 구매 이력이나 선호도를 고려하여 맞춤형 상담을 제공하는 것이 중요하다.

⑤ 시각적인 도움

상품을 시각적으로 전시하여 고객의 눈에 잘 띄게 진열한다. 상담할 때도 시각적인 자료, 사용 예시 등을 활용하여 설명하면 제품에 대한 이해를 높일 수 있다.

⑥ 홍보 정보 제공

현재 진행 중인 할인 행사, 이벤트, 혜택 등에 대한 정보를 알리고 홍보하여 고객들에게 구매를 유도한다.

홍보에 대한 설명 및 구매 이점을 강조하여 상담하면 판매 성공률이 올라간다.

⑦ 적절한 추천과 판매 기술

고객의 이전 구매 이력과 행동 데이터를 분석하여 해당 고객이 관심을 가질 만한 상품을 추천하고, 이를 통해 고객의 취향과 관심사에 맞는 상품을 제안할 수 있다. 또한 고객이 구매한 상품과 관련된 부가 상품이나 연관 상품을 제안하여 추가구매를 유도할 수 있다. 예를 들면 스마트폰을 구매한 고객에게 보호 필름이나 케이스와 같은 액세서리를 추천할 수 있다.

⑧ 접객(손님을 접대함)을 위한 준비

- 조회 전에 자신의 업무 현황을 파악하고 하루 일과의 준비 사항을 미리 점검한다.
- 본인이 판매했던 물량 중 당일배송 리스트를 확인하여 고객의 요청 배송일자에 차질이 없는지 확인한다.
- 당일 판매할 주력 모델 및 전용 모델 등을 확인한다.
- 당일 판매할 제품의 정책을 확인한다. (품목 정책 및 금융 정책 등) 주력 모델과 제품 정책 숙지는 고객과의 원활한 상담을 위한 필수조건이다.
- 전일까지의 매출 진척도를 확인하고, 당일 판매할 목표를 수립한다.
- 당일 달성해야 할 신규 멤버십 확보 건수, 가망고객 확보 건수 확인한다.

⑨ 접객이 가능한 품목을 확대한다.

- 자신이 당일 판매해야 할 제품의 지식 및 정책을 숙지한다.

- 자신의 담당 품목 외 제품의 지식과 정책도 숙지한다.
- 다양한 제품의 판매 역량을 갖추어야 접객 건수도 늘어난다.
- 고객은 판매사원이 다 알고 있다고 생각한다. 고객의 질문에 원하는 답을 얻지 못하거나 사원이 머뭇거리는 모습을 보이면 구매 의욕이 떨어진다.

⑩ 판매 상담에 집중하여 접객 건수를 확대한다.

- 고객 접객을 하지 않을 때는 매장 입구에서 내방 하는 고객을 친절히 안내할 수 있도록 준비한다.
- 판매 피크 타임에는 고객 대기 및 상담에만 집중하고 타 업무를 하지 않는다.
- 판매 시간대에는 사담이나 다른 사적인 행동을 하지 말자.

⑪ 소액 고객과 고액 고객을 가리지 않고 접객한다.

- 우수 판매사원은 소액 고객과 고액 고객에 대한 접객 차별을 하지 않는다.

⑫ 고객의 의견을 수집하고 불만 사항을 즉시 개선한다.

• 고객들의 피드백을 소중히 받아들이고, 그에 따라 상담 및 접객 프로세스를 지속해서 개선한다.

• 불만 사항이나 개선 아이디어에 신속하게 대응하면 고객들에게 신뢰를 줄 수 있다.

판매 성공률 높이기

① 판매 성공률이란?

• 상담 건수 대비 판매 완료한 건수의 비율을 말한다.

예) 하루에 5건을 상담하고 이 중 3건을 판매했을 시 판매 성공률은 60%이다.

② 판매사원의 상담 역량을 키운다.

• 다양한 제품을 판매할 수 있는 판매사원의 역량을 키운다. 판매사원의 역량에 따라 판매 성공률이 차이가 나며 곧 매출 증감의 원인이 된다.

• 소액 모델, 중저가 모델, 고액 모델 등 전 제품을 판매할 수 있

는 역량을 갖추어야 한다.

• 자신의 담당 품목 외에도 판매할 수 있는 멀티 플레이어가 되어야 한다.

• 제품에 대한 전문적인 지식을 갖추어 고객의 궁금증에 신속하게 대응할 수 있어야 한다.

• 제품의 특징, 사용법, 유지 보수 방법 등을 고객에게 자세히 설명하여 신뢰를 높인다.

③ 제품의 효용가치를 설명하여 고객의 만족도를 높인다.

• 제품이 갖고 있는 기능과 효용의 가치를 설명하며, 고객이 이 제품을 구매함으로써 얻을 수 있는 부가가치를 설명해야 한다.

• 번들 상품, 할인 혜택, 특별 서비스 등 추가적 가치를 설명하여 고객의 만족도를 높인다.

④ 정책을 쉽게 설명해야 한다.

• 고객이 얻을 수 있는 혜택을 설명해야 한다. 즉, 제품 판촉 정책 및 금융 정책 내용을 고객이 이해하기 쉽게 설명한다.

⑤ 고객의 니즈 파악 및 고객에게 적합한 제품을 제안

• 고객의 말을 집중적으로 청취하고, 그들의 욕구와 니즈를 정확히 이해해야 한다.

• 중간중간 질문을 통해 고객의 의도를 파악하고 관련성 있는 정보를 얻는다. 고객이 어떤 욕구가 있는지, 그에 맞는 해결을 제시하면서 개별 맞춤 상담을 한다.

• 고객의 개인적인 니즈에 관한 파악은 고객과의 관계를 강화하고 신뢰를 구축하는 데 도움이 된다.

• 가격대, 용량, 기능, 사용의 적합성 등을 고려하여 고객에게 맞는 제품을 제안하고, 상품의 장점을 강조한다. 고객이 이 상품을 구매함으로써 자신의 욕구를 충족시킬 수 있음을 설명한다.

⑥ 고객과의 감성적인 관계를 구축한다.

• 친절한 인사와 웃는 얼굴로 고객맞이를 하고, 상담할 때 고객의 의견에 동감하는 등 고객의 눈높이에 맞는 감성적 접객을 한다.

• 긍정적이고 활기찬 언어를 사용하여 고객에게 긍정적인 인상을 준다.

• 부정적인 단어나 표현을 삼가고, 해결책을 제시하여 긍정적인 분위기를 조성한다.

⑦ 고객의 의견 존중

• 고객의 의견과 우려를 존중하고, 고객의 개성에 맞추어 대응한다.

• 고객이 불만족스러워하는 경우 신속하게 해결책을 제시하여 만족도를 높인다.

⑧ 강점을 부각

• 상담 중에는 매장의 강점을 부각해 고객에게 왜 여기에서 구매해야 하는지를 설명한다.

• 특별한 혜택, 품질보증, 고객 서비스 등을 강조하여 타 경쟁사 비 경쟁 우위 차별화를 설명한다.

⑨ 상담 마감 기술 활용

• 상담 시간이 길어질 때 상담 마감 기술을 잘 활용하여 고객이 자연스럽게 결제할 수 있도록 한다.

• 할인 기회, 한정된 혜택, 추가 서비스 등을 강조하여 구매 결정을 도와준다.

• 고객이 '더 할인해 주세요.' '언제 배송되나요?' '사은품은 무엇인가요?'라는 질문할 때는 고객이 구매를 결심한 단계이므로 적절히 응대하면서 결제 단계로 넘어간다.

⑩ 최선을 다하는 모습을 보이자

비록 부족한 부분이 있어도 고객에게 성심껏 최선을 다하는 모습을 보이자. 이런 모습이 고객의 마음을 움직일 수 있다.

객단가 높이기

① 객단가란?

・ 당일 객단가

당일 고객이 구매한 제품의 총구매액을 고객 수로 나눈 값이다.
즉, 고객 인당 구매한 총구매 액수를 말한다.

・ 고객의 평생 객단가

고객이 제품을 구매하기 시작한 시점부터 제품 구매를 하지 않게
된 시점까지의 총구매액을 말한다.

※ 고객의 평생 가치를 이해하자

고객이 특정 제품을 구매하는 동안 기여한 가치

오늘 하루 고객이 구매한 매출액만으로 고객의 가치를 평가하는 것이 아니라 오늘 이전, 오늘 이후의 매출 기여도로 고객의 가치를 평가한다.

즉, 당일의 구매액으로만 고객의 가치를 평가하면 안 된다. 고객의 이전 구매 이력과 구매 빈도, 평균 구매액 등을 분석하여 해당 고객이 회사에 제공할 평생 가치를 계산할 수 있다.

② 당일 객단가 향상 방안

• 일반 모델을 프리미엄 모델로 상향 제안하여 판매액을 높인다.

• 저용량, 작은 크기 모델에서 큰 용량 및 큰 크기 제품으로 제안하여 개당 판매액을 높인다.

• 관련 제품과 함께 추가구매를 제안한다. 관련성이 높은 상품을 번들로 제공하여 세트 할인이나 특별 혜택을 부여한다. 예를 들면 휴대전화 구매 고객에게 케이스 등 액세서리를 같이 구매할 것을 제안하면서 세트 구매 시 할인 혜택을 설명한다.

• 추가 구매를 제안한다.

예) A 제품 구매 고객에게 B 제품을 동시 구매할 것을 제안한다. 단품 구매보다 다품목 구매 조건이 더 저렴하고 동시 구매 시의 유리함을 설명하고 제안한다.

③ 매장 체류 시간을 늘리는 노력

• 쇼핑하기에 쾌적한 분위기를 연출하며, 고객이 편리하게 매장을 이용할 수 있도록 편의 시설을 제공한다. 예를 들어 쉴 수 있는 의자, 휴대전화 충전기, 음료수 자판기 등을 설치하여 고객의 편의성을 높인다.

• 다양한 상품 구색을 진열하고, 고객이 상품을 직접 체험할 기회를 제공한다. 제품 체험 코너를 통해 고객이 상품을 직접 경험하고 상호작용할 수 있도록 환경을 제공한다.

• 다양한 이벤트 코너 운영한다. 이를 통해 고객들에게 새로운 경험과 즐거움을 제공하여 매장에 더 오래 머무를 수 있도록 한다.

• 친절하고 전문적인 서비스를 제공하여 고객들의 궁금한 점이나 요구사항을 충족시켜 드리고, 고객들이 질문을 하거나 상담을 받으며 더 오래 매장에 머무르게 된다.

④ 충동구매, 동반 구매 확률을 높인다.

• 진열대의 높이를 고객이 편안한 높이로 맞추고, 복도 끝 선반 진열은 노출도를 높여 충동구매가 되도록 한다. 연관 상품을 함께 진열하여 동반 구매 확률을 높인다.

• 백화점에서는 남성 양복 판매대에 셔츠, 넥타이, 벨트, 지갑 등 남성용 연관 제품을 함께 진열한다.

⑤ 할부 혜택 소개

• 고가의 상품일 경우 할부 혜택을 소개하여 고객이 더 큰 금액의 제품을 구매할 때도 부담을 줄여 준다.

• 월 납부금으로 제품을 구매할 수 있는 혜택을 강조한다. A 제품가격이 백만 원인데 월 10만 원씩 10개월 분할 구매가 가능하면 부담도 줄고 가격 자체가 저렴한 인상을 준다.

⑥ 특별 이벤트 참여 유도

• 특별 이벤트에 참여하면 추가 혜택을 받을 수 있음을 고객에게 알리고 참여를 유도한다.

⑦ 구매 유도 홍보

• 한정 기간 특별 할인, 할인 잔여 개수 등의 프로모션은 고객에게 긴장감을 주고 빠르게 의사결정을 하도록 유도한다.

⑧ 고객의 평생 객단가 향상 방안

• 향후 구매할 제품을 파악하고, 가망고객으로 관리함으로써 미래의 고객을 확보한다.

예) 고객에게 향후 필요한 제품이나, 사용기한이 만료될 제품을 미리 파악한다. 추후 제품이 필요한 시점에 할인정책이나 판촉 정책을 설명하여 내방을 유도한다.

Chapter 2
나의 고객을 알자

제품을 구매하려는 고객의 심리

제품을 구매하려는 고객의 심리는 다양한 요소에 영향을 받는다. 여러 가지 요인들이 고객의 마음가짐을 형성하고 구매 결정에 영향을 미친다. 몇 가지 주요한 심리적 요소를 살펴보면 다음과 같다.

· 자신의 욕구 충족과 만족감을 얻기 위해 제품을 구매한다.

소비자는 제품이나 서비스를 구매함으로써 자신의 욕구를 충족하고 만족을 얻고자 한다. 이러한 욕구는 생리적인 욕구부터 사회적인 욕구, 안전과 보안, 자존감 충족 등 다양한 요인에 의해 나타난다.

· 자아 이미지와 정체성에 영향을 받는다

제품 선택은 고객의 자아 이미지와 정체성에 관련된 요소에 영향을 받을 수 있다. 고객은 제품을 선택할 때 자신을 어떻게 표현하고, 타인에게 어떻게 보이는지에 따라 영향을 받는다.

· 제품과 서비스의 가치를 평가하고 구매한다.

고객은 제품이나 서비스의 가치를 평가하고 비교한다. 가격, 품질, 기능, 브랜드, 이미지 등 다양한 가치 요소가 구매 결정에 영향을 미친다.

· 다양한 정보를 수집하고 구매한다.

고객은 다양한 정보를 수집하고 구매 결정을 내린다. 이는 광고, 리뷰, 추천, 경험 등을 통해 이루어진다.

· 고객의 감정과 태도에 영향을 받는다

제품 선택은 종종 감정과 태도에 영향을 받는다. 고객은 제품이나 브랜드에 대한 긍정적인 느낌이나 부정적인 태도에 따라 구매 결정을 판단한다.

이러한 요소들은 고객에 따라 다르게 작용하며, 제품 구매에 관

고객이 몰려오는 1등 매장의 비법

련된 심리적인 과정은 복잡하고 다양하다. 따라서 기업은 소비자
의 심리적 요소를 이해하고 이를 고려하여 제품을 마케팅하고 서
비스를 제공함으로써 소비자의 구매 결정에 영향을 미칠 수 있
다.

고객은 위와 같은 이유로 매장을 방문하여 상담받는 과정에서
어떤 심리 상태를 보일까? 고객의 심리 상태를 알고 판매에 임하
는 판매 사원은 유능한 사원의 자질이 있다.

고객은 매장에서 어떤 심리 상태를 가지며 어떤 기대를 할까?

가. 신뢰할 수 있는 매장, 브랜드, 판매사원에게 상담 받고 싶다.

나. 판매 사원에게 나의 속마음을 모두 보여주고 싶지 않다.

다. 내가 원하는 제품, 나에게 맞는 제품을 사고 싶다.

라. 현재 사용 중인 제품의 문제점을 해결해 줄 제품을 원한다.

마. 이 제품을 구매하고 나중에 후회하지 않을까?

바. 판매 사원이 말한 것이 사실일까?

이런 심리 상태로 구매 직전에 망설이게 된다. 한 부분씩 자세
히 살펴보자.

고객은 매장이나 브랜드에 대한 신뢰를 중요하게 여긴다. 신뢰성 있는 매장이나 브랜드 제품을 구매하고자 하며, 믿음이 가는 판매 사원에게 상담받기를 원한다.

고객이 판매 사원을 신뢰하지 못하는 이유는 무엇인가?

• 진실성을 의심한다.

고객은 판매 사원이 진실성과 성실성이 있는지 의심한다. 만약 판매 사원이 거짓 정보를 제공하거나 과장된 광고를 하거나 신뢰할 수 없는 행동을 보인다면, 고객은 그들을 신뢰하지 않을 것이다.

• 판매를 우선으로 행동할 때

일부 판매 사원은 자신의 판매 목표를 우선시하여 고객의 관심과 니즈를 무시하거나 부정확한 정보를 제공하기도 한다. 이는 고객이 판매 사원을 신뢰하지 못하는 이유가 될 수 있다.

· 판매 사원이 고객의 니즈를 모를 때

판매 사원이 고객의 니즈와 욕구를 충분히 파악하지 못하고 제품이나 서비스를 추천하는 경우, 고객은 그들을 신뢰하지 않는다. 고객이 무시당하거나 잘못된 제품을 추천받는다고 느낀다.

· 판매 욕심에 고객에게 과한 강요할 때

고객은 판매 사원이 과도한 압력을 가하거나 강요하는 것을 싫어한다. 너무 강한 판매 압박은 고객의 신뢰를 잃게 만든다.

· 판매 사원이 전문적이지 않다고 느낄 때

판매 사원이 제품이나 서비스에 대한 충분한 지식이나 이해력을 갖고 있지 않을 경우, 고객은 그들을 신뢰하지 않을 수 있다. 고객은 전문적이고 능숙한 판매 사원을 선호하기 때문이다.

따라서 고객이 판매 사원을 신뢰하지 못하는 이유는 다양하며, 이를 극복하기 위해서는 고객과의 신뢰를 기반으로 관계를 구축하고 고객의 니즈를 이해하며, 정직하고 성의 있는 서비스를 제공하는 것이 중요하다. 또한 다음과 같은 기본적인 문제가 있는 사원도 고객의 신뢰를 받지 못한다.

-접객에 어긋난 용모, 복장 및 부적절한 언행을 하는 사원

-입 냄새, 담배 냄새가 나는 사원

-제품 지식 및 홍보 정책을 잘 모르는 사원

-기본 접객 역량이 부족한 사원

고객의 신뢰를 얻는 판매 사원의 특징

고객의 신뢰를 얻는 사원은 몇 가지 특성을 갖추고 있다.
그중에서 주요한 특성을 살펴보자.

• 정직성과 성실성을 갖춘 사원이다.

고객의 신뢰를 얻으려면 가장 기본적으로 정직하고 성실해야
한다. 사원은 거짓 정보나 과장된 광고를 하지 않고, 고객에게 정
확하고 충실한 정보를 제공해야 한다.

• 고객 중심적인 태도를 보여야 한다.

고객의 니즈와 욕구를 이해하고 이를 최우선으로 생각하는 고객 중
심적인 태도가 중요하다. 사원은 고객의 관점에서 상황을 바라보고,
그들의 요구를 충족시키기 위해 노력해야 한다.

• 전문성과 지식을 함양해야 한다.

제품이나 서비스에 대한 전문성과 지식은 고객의 신뢰를 얻는 데 중요한 역할을 한다. 사원은 제품이나 서비스에 대해 깊은 이해를 하고 있어야 하며, 고객의 질문에 정확하고 전문적으로 대답할 수 있어야 한다.

• 공감과 이해도가 높아야 한다.

고객은 자신을 이해하고 공감해 주는 사원을 선호한다. 사원은 고객의 상황을 이해하고 그들의 감정에 공감하여 적절한 지원을 제공해야 한다.

• 신속한 응대와 문제 해결 능력이 있어야 한다.

고객이 문제를 겪거나 질문을 할 때 빠르고 효과적으로 대응하여 문제를 해결하는 것이 중요하다. 사원은 문제 해결 능력을 갖추고, 고객의 요구를 신속하게 처리해야 한다.

• 친절과 예의를 갖추어야 한다.

사원은 항상 친절하고 예의 바른 태도를 유지해야 한다. 고객과의 상호작용에서 친절함과 예의는 신뢰를 쌓는 데 중요한 역할을 한다.

• 첫인상이 좋아야 한다.

판매 사원은 단정한 복장을 착용하고, 청결한 용모와 얼굴엔 미소를 띠면서 다정한 인사를 해야 한다.

• 판매 사원이 매력이 있어야 한다.

예의에 맞는 언행을 하고 고객에게 도움을 드리려는 자세가 보여야 한다.

• 가치를 제공해야 한다.

제품을 판매하는 것이 아니라 고객이 제품을 구매함으로써 얻을 수 있는 가치를 설명해야 한다. 이러한 특성을 갖춘 사원은 고객의 신뢰를 얻을 뿐만 아니라, 긍정적인 고객 경험을 제공하여 장기적인 고객 관계를 구축할 수 있다.

고객의 구매전 심리 상태 둘째는?

고객은 이런 속마음을 갖고 있다.

고객은 판매 사원의 질문에 무조건 "네."라고 답변하고 싶지 않다. 만일 사원이 "고객님, 이 제품으로 결정하시겠습니까? 라고, 물으면 고객은 마음속으로 "왜 이렇게 직설적으로 묻는 거야."라고, 생각한다.

제품의 전문 용어를 모르지만, 내색하지 않는다. 사원이 "이 PC의 CPU는 이런 것이고, 하드는 이런 것입니다."라고 하면 고객은 마음속으로는 '뭐야, CPU는 뭐고, 하드는 뭐지?'라고, 생각하면서 불안한 마음을 가진다. 자신의 사회적, 경제적 위치에 관한 질문에 불편해한다. 사원이 "고객님, 아파트는 몇 평이세요?"라고 질문하면 고객은 마음속으로 '아파트 평수는 왜 묻는 거지?' 하면서 불편해한다.

고객의 속마음을 여는 방법은?

• 고객의 니즈를 파악한다. 고객의 구매 목적, 사용 용도, 사용자 등을 파악한다.

• 전문 용어는 쉽게 풀어서 설명한다. 위의 예시에서 'CPU는 사

람의 두뇌와 같습니다.'라고 설명한다.

- 고객이 대답하기 민감한 질문은 질문의 이유를 설명하면서 물어본다. '평수에 맞는 에어컨을 권해 드리려고 합니다. 죄송하지만 사용 평수가 어떻게 될까요?'라고, 질문한다.

다. 내가 원하는 제품, 나에게 맞는 제품을 사고 싶다.

고객은 자신에게 맞는 제품이나 맞춤형 서비스를 원한다. 개인화된 경험을 제공하는 매장이나 브랜드에 높은 관심을 보인다.

※ 고객에게 어떤 제품을 권해야 하나?

- 고객의 구매 목적에 맞는 제품을 권해 드린다. 사전 질문을 통해 혼수 구매인지, 이사를 하는지, 교체 구매인지, 신규 구매인지 파악하여 제품을 권해야 한다.

- 사용 목적, 사용 여건에 맞는 제품을 권한다. 일반적인 사무용 컴퓨터를 원하는지, 전문가용이나 게임용 컴퓨터를 원하는지 파악하여 제품을 권한다.

- 설치 환경에 맞는 제품을 권한다. 에어컨의 경우 설치 공간의 특성에 따라 권유 제품이 다르다. 거실용, 안방용, 또는 열이 많이 발생하는 음식점용인지 구분해야 한다.

※고객에게 적합한 제품을 권하는 방법

• 고객에게 문의하여 구매 니즈를 파악한다.

"고객님, 어떤 목적으로 구매하십니까?"

"고객님, 어떤 용도로 사용하십니까?"

"고객님, 에어컨은 어디에 설치하십니까?"라고 질문을 통해 정확히 파악해야 한다.

라. 현재 사용 중인 제품의 문제점을 해결해 줄 제품을 원한다.

※ 고객이 사용 중인 제품에 불편함을 느끼고 있으면, 그 불편을 해소할 수 있는 제품을 제안한다.

• 현재 사용 중인 제품의 기능에 대해 불편하다.

예) PC 게임을 하는 데 속도가 너무 느려 불편하다.

• 현재 사용 중인 제품의 전기료, 수도료 등에 부담을 느낀다.

예) 전기료가 무서워 에어컨 켜기가 부담스러워요. 지금 사용하고 있는 세탁기가 물이 많이 사용돼요.

마. 이 제품을 구매하고 나중에 후회하지 않을까?

- 구매 가격에 대해 후회한다. 내가 너무 비싸게 구매한 것이 아닌가? 다른 데가 더 쌀 것 같은데 너무 성급하게 구매했나? 고객은 이런 후회를 한다.
- 제품에 대해 후회한다. '다른 모델로 할 걸 그랬나?'
- 제품 구매 시점에 대해 후회한다. '나중에 세일할 때 살 걸.'

※고객의 후회를 만족으로 변화시킨다.

- 구매 혜택 즉, 할인 금액, 사은품 지급, 연계 추가 할인 등을 설명하면서 '고객님은 최종적으로 이 가격에 구매하시는 겁니다.'라고 설명한다.
- 구매 제품에 대해 확신을 심어드린다. '이 제품이 고객님께 가장 잘 맞는 제품입니다.'
- 제품 구매의 이점을 상기시켜 준다. '이 제품을 구매함으로써 이런 혜택이 있습니다.'

※ 고객은 제품 구매 결정을 한 후 이런 불안감을 느낀다.

- 구매 혜택에 대한 불안감을 느낀다. '포인트 적립은 잘 되나?'

- 약속에 대한 불안감을 느낀다. '약속한 사은품은 언제 오는 거야?'

- 제품에 대한 불안감을 느낀다. '이 제품이 좋은 건가?'

※ 고객의 불안감을 해소하는 방법

- 자세하게 제품에 대한 정책을 설명한다. 말로 설명하면서, 글도 쓰면서 설명하면 고객이 알아듣기 쉽다.

- 약속 대장을 작성한다. 자기만의 약속 대장을 기록하고 고객에게 보여주면 고객이 신뢰한다.

- 제품에 대해 확신 주기. 구매 결정이나, 결제가 완료된 시점에 제품의 장점을 다시 강조해 주면 고객은 안심한다.

고객이 구매 결정 시 중요하게 생각하는 것은?

① 제품 가치 및 효용성을 중시

고객은 제품이나 서비스의 가치와 효용성을 중요시한다. 제품이나 서비스가 그들에게 어떤 혜택을 제공하는지에 관심이 높다. 세탁기가 나에게 어떤 편리함을 주는지? 로봇 청소기가 나에게 얼마나 편리함과 시간적인 절약을 주는지? 이런 가치와 혜택에 고객은 지갑을 연다.

② 새로움과 혁신에 대한 욕구

일부 고객은 최신 트렌드에 맞는 제품이나 기술적인 혁신을 중시한다. 새로운 제품이나 기술에 대한 욕구가 높을 수 있다. 최신 유행하는 제품에 관심이 많거나 새로운 혁신적인 기능이 있는 제품을 구매하는 고객층이 있다.

③ 가격과 혜택 비교

고객은 가격에 민감하게 반응하며, 제품의 가격 대비 혜택을 고려한다. 할인, 특가, 혜택 등에 높은 관심을 가진다.

고객이 제품을 선택하는 이유는 여러 가지가 있겠지만 그중 가장 큰 요인은 가격일 것이다.

④ 구매 전 정보 수집

인터넷이 발달함에 따라 고객은 제품에 대한 정보를 구매 전에 적극적으로 수집한다. 심지어 판매 사원보다 더 많은 정보를 알고 오는 고객도 있다. 리뷰, 평가, 비교 등을 통해 제품을 신중하게 선택하려고 한다.

⑤ 즉시 충족과 편의성

일부 고객은 즉시 제품을 갖고 싶어 하며, 편리한 구매 경험을 원한다. 빠른 배송, 편리한 결제 방법 등이 중요한 요소가 될 수 있다. 그래서 온라인 업체들이 큰 비용을 감수하면서도 일일 배송, 새벽 배송에 경쟁적으로 열을 올린다.

⑥ 감정적 결정과 브랜드 로열티

　감정적인 요인이 구매 결정에 영향을 미칠 수 있다. 브랜드에 대한 로열티나 감정적인 연결이 강한 제품을 선호하는 경우가 있다. 브랜드 충성도가 강한 고객들은 여간해서 브랜드를 바꾸지 않는다.

⑦ 추가 서비스 및 혜택에 대한 기대

　제품 외에도 고객은 매장에서 제공하는 추가 서비스나 혜택에 대해 기대하고 있다. 예를 들어, 무상 보증, 무료 설치, 서비스 보장, 사은품 등이 여기에 해당한다.

⑧ 환경과 윤리적인 고려

　일부 고객은 환경이나 윤리적인 측면을 고려하여 제품을 선택하려고 한다. 친환경 제품이나 윤리적인 브랜드를 선호하는 경향이 있다.

　매장은 이러한 고객의 심리와 요구를 고려하여 제품을 마케팅하고, 상담 및 서비스를 제공함으로써 고객 만족도를 높이고 구매로 이어질 수 있는 경험을 제공해야 한다.

고객의 소리 (VOC)

1. VOC의 중요성

VOC는 고객이 제공해 주는 살아있는 소중한 정보이며, 제품과 서비스에 대한 실제 사용 후기 정보이다. 그 정보를 기반으로 제품, 서비스의 개발과 개선을 하여 고객의 불만, P/L 사고(제품에 의한 사고)를 사전에 방지할 수 있다.

① 고객 만족도를 개선할 수 있다.

고객의 의견을 듣고 분석함으로써 사전에 제품, 서비스, 또는 구매 경험을 개선할 수 있다. 개선된 제품과 서비스로 고객의 만족도를 높이면 고객은 브랜드에 대한 긍정적인 경험을 갖게 되어 재구매 및 주변 지인에게 추천 가능성이 커진다.

② 시장 경쟁력 강화

고객의 요구사항을 충족시키는 기업은 경쟁력이 강화된다. VOC를 수집하고 분석하여 경쟁사보다 빠르게 조치하면, 고객들에게 더 나은 가치를 제공할 수 있다.

③ 고객 충성도 증대

고객은 회사가 자신을 이해해 주고 소통에 적극적이라고 느끼면, 해당 브랜드에 대한 신뢰가 생기고 충성도가 높아진다. 충성도가 높아지면 고객은 계속해서 해당 브랜드를 선택할 가능성이 커진다.

불만족한 고객들은 쉽게 이탈할 수 있다. 불만족 VOC에 대해 빠르게 대응하고 문제를 해결함으로써, 고객들이 불만족을 느끼지 않게 하고, 브랜드 충성도를 유지해야 한다.

④ 신제품 개발 및 품질 혁신

불만 VOC를 관리하면 제품이나 서비스의 품질을 향상할 기회가 열린다. 고객의 소리를 청취함으로써 소비자의 니즈와 선호도를 이해하고, 이를 기반으로 신제품 개발 및 품질 혁신을 할 수 있다.

⑤ 부정적 피드백 조기 발견

VOC는 부정적인 의견이나 불만 사항을 빠르게 파악할 수 있는 도구이다. 조기에 문제를 해결하면 고객 유실을 막을 뿐만 아니라 부정적인 평판을 최소화할 수 있다.

만약 불만족한 경험이 고객들 사이에 입소문으로 퍼진다면, 부정적인 평판이 형성되고, 이는 브랜드에 대한 신뢰를 훼손시키며, 장기적으로 매출에 영향을 미칠 수 있다.

⑥ 맞춤형 서비스 제공

개인화된 서비스는 고객들에게 더 나은 경험을 제공할 수 있다. VOC를 수집하고 분석하여 개별 고객의 요구에 맞춘 서비스를 제공함으로써 고객과의 관계를 강화할 수 있다.

⑦ 마케팅 전략에 활용

VOC는 마케팅 전략을 개발하는 데에도 활용될 수 있다. 소비자의 요구와 선호도를 이해하면 효과적인 광고 및 마케팅 캠페인을 만들 수 있다. 이러한 이유로 고객의 의견을 주의 깊게 수집하고 분석하여 비즈니스를 개선하는 것이 중요하다.

2. 불만 VOC를 발생시키는 원인은 무엇인가?

① 제품 또는 서비스의 품질 부족

제품이나 서비스가 고객의 기대에 미치지 못하면 불만족이 발생할 수 있다. 특히 제품 고장, 성능, 기능, 외관 등의 불량으로 불만족과 불만 VOC를 초래한다.

② 제품 설명 부족 및 소통 부재 시

• 제품의 사용법, 기능, 사양, 가치, 보관 방법을 비롯한 주의 사항 등을 충분히 설명하지 않은 경우이다.

• 제품 설명 및 그 외 상담 내용에 오해가 있을 때

• 교환/반품 정책에 대한 명확한 정보 부족이 문제가 될 수 있다.

• 배송 및 납품 문제

제품이나 서비스를 고객에게 제때 제공하지 못하거나, 손상 또는 오류가 있는 경우 불만족이 발생할 수 있다.

• 불친절하다고 느낄 때

• 맞이 인사, 배웅 인사를 하지 않을 때, 무관심할 때, 복장, 태도 불량 등일 때

- 상품 설명 미흡, 질문에 대한 답변 미흡, 제품 지식이 부족하다고 느낄 때
- 약속을 이행하지 않을 때
- 배송일자를 지키지 않았을 경우
- 사은품 지급 약속을 어겼을 경우이다. 특히 사은품의 경우 사소한 문제 같지만, 고객의 사은품 불만이 구매 불만으로 이어지는 촉매제 역할을 한다.

3. 불만 VOC 처리 방법

VOC(고객 의견) 처리의 원칙은 기본적으로 고객의 불만 또는 의견을 신속하고 적극적으로 대응하여 문제를 해결하고 고객의 만족도를 높이는 데 있다. 일반적으로 다음과 같은 원칙이 있다.

처리 3대 원칙

- 불만 VOC 처리는 발생 매장에서 즉시 처리함이 원칙이다.
- 불만 VOC는 당일 내 처리한다.
- 매장에서 처리가 불가한 건은 상위 부서에 보고하고 신속히 처리 방법을 찾는다. (문제가 더 확대되기 전에 해결 방안을 찾아야 한다.)

4. 불만 VOC 처리 기본자세

① 빠른 대응

고객의 불만이나 의견에 신속하게 대응하여 지연 없이 문제를 해결해야 한다. 빠른 대응은 고객이 더 큰 불만을 품지 않도록 도와준다.

② 적극적인 태도를 보인다.

고객의 의견을 중요하게 생각하고, 불만이나 제안에 적극적으로 대응하여 해결책을 찾아야 한다.

③ 불만 내용을 끝까지 경청한 후 상황을 파악하고 분석한다.

고객의 관점에서 불만 내용을 끝까지 경청한다. 중간에 말을 끊거나 변명하면 상황을 더 악화시킬 수 있다. 잘 경청한 다음 사과를 먼저 하고, 불만족의 원인을 파악하고 분석하는 것이 필요하다. 고객이 어떤 부분에서 불만족을 느끼는지 이해하면, 향후 같은 문제를 방지할 수 있다.

④ 정확한 정보 제공과 해결책을 제시한다.

고객에게 정확하고 명확한 정보를 제공하여 상황을 설명하고, 고객이 원하는 빠른 해결책을 제시해 고객의 이해를 구한다.

⑤ 피드백 수렴과 학습 개선

고객의 불만 사례를 분석하고, 비슷한 문제가 재발하지 않도록 조치하며, 조직 전반에 걸쳐 학습하고 개선한다. 전 부서에 피드백하여, 제품 개선과 품질 관리, 사원육성에 도움이 되도록 한다.

⑥ 적절한 보상 제공

때로는 불만족한 고객에게 적절한 보상을 제공하는 것이 해결책일 수 있다. 이는 고객의 신뢰를 회복하고 재구매를 유도할 수 있다.

5. 단계별 불만 고객 응대 방법

1단계, 고객의 VOC 내용을 끝까지 경청한다.

• 고객의 이야기를 중간에 끊지 않는다. 고객이 더 흥분하여 사태를 악화시킬 수 있다.

• 고객의 감정에 공감하고 고객의 감정이 수그러질 때까지 기다

린다.

예) 고객님의 말씀에 공감합니다.

고객님! 그런 불편을 끼쳐 드려 죄송합니다.

고객님! 마음이 얼마나 상하셨을까요?

고객의 입장을 공감하고 이해하는 모습을 보이면 고객도 마음이 조금 수그러들고 대화할 수 있는 분위기가 조성된다.

2단계, 고객과 관련된 VOC 상황을 파악한다.

• VOC가 발생한 시간, 장소, 관련된 직원, 내용을 빨리 파악한다.

• 고객 VOC가 발생한 원인이 고객의 오해인지, 제품의 문제인지, 판매 사원의 접객이 문제인지 파악한다.

3단계, 고객과 해결책을 협의한다.

• 고객이 원하는 해결책 및 요구사항을 확인한다.

• 고객의 요구사항에 대해 타당성을 평가하지 않는다.

예) 고객님 그런 요구는 들어 드리기 어렵습니다. (X)

• 고객의 요구사항에 대해 가능한 바로 해결해 드리는 것이 원칙이다.

• 고객의 요구사항이 과도한 요구라도 바로 '안 됩니다.'라고 하

지 않고 상급자 및 관련 부서와 협의를 한다.

• 해결책을 제안하고 고객의 의견을 확인한다.

6. VOC 상담 시 주의 사항

• 고객에게 모든 책임을 전가하지 않는다.

예) 고객님 사용상의 실수로 문제가 발생한 겁니다. (X)

고객님이 전화를 받지 않으셔서 연락되지 않았습니다. (X)

고객님이 미리 알아서 하셔야 하는 건데요. (X)

• 성의 없이 사과만 해선 안 된다.

예) 죄송합니다. 우리 회사 방침이라서 도와드릴 수가 없습니다.

• 무례하게 응대해서는 안 된다.

예) 이런 불만은 고객님이 처음입니다.

계속 말씀해 보세요. 그래서 어떻게 해 드려요?

• 고객에게 인터뷰하듯이 하면 안된다.

예) 성함은요? 주소는요? 언제 구매하셨는데요? 어느 매장에서 구
매하셨어요?

· 고객의 이야기에 대해 의심하지 않는다.

예) (구매 이력을 확인하지 않고) 저희 매장에서 구매하셨나요?

· 책임을 다른 곳, 다른 부서, 다른 사람에게 전가하지 않는다.

예) 그건 본사에 연락하세요.

그건 물류 기사가 잘못한 것이니 물류 기사에게 확인하세요.

Chapter 3

판매 접객 방법

판매 접객 프로세스
MOT (Moment of Truth) 7단계

1	**접객 준비**	START	코너청소, 진열제품 점검, 용모복장, 당일배송확인, 정책 확인 및 숙지
2	**고객 맞이**	ATTENTION	맞이인사, 코너인사, 동선인사
3	**감성 접객**	MEET	신속한 응대, 감성대화, 차 대접
4	**니즈 파악**	SEARCH	구매 목적 파악
5	**효용 설명**	USE BENEFIT	제품 사용으로 얻는 가치 설명
6	**구매 결정**	NEGOTIATION	구매 확신 주기
7	**배웅**	GOOD BYE	감성 배웅 인사, 재방문 권하는 인사

소매매장 영업에서 고객에 대한 판매 접객 프로세스는 고객 쇼핑 경험의 질을 높인다. 이는 매출을 증대시키기 위해 체계적으로 설계된 단계별 절차를 따른다. 이 프로세스는 매장 오픈전 준비 단계부터 고객이 매장을 방문하는 순간과 구매를 완료하고 매장을 떠나는 순간까지의 전 과정을 포함한다. 다음은 대표적인 단계별 판매 접객 프로세스이다.

1단계 접객 준비 (START; 준비 단계)

접객 준비 단계는 고객과의 첫 만남을 준비하는 중요한 과정이다.

①청결한 용모, 복장

• 판매에 적합한 용모, 복장은 고객의 신뢰를 얻는 기본이다. 사원의 외모는 첫인상을 결정짓는 첫 단추인 셈이다. 첫 단추를 잘못 끼우면 좋은 결과가 나올 수 없다. 회사의 통일된 유니폼을 입거나, 단정한 복장을 갖추어야 한다. 깔끔한 외모는 고객에게 신뢰감을 줄 수 있다.

• 긍정적이고 친절한 태도로 고객을 맞이할 준비를 한다. 미소와 함께 인사를 하고, 고객을 환영하는 태도를 유지한다.

- 과음하여 술 냄새가 나면 접객하지 않는다. 고객의 신뢰를 떨어뜨리고, 고객이 상담받지 않을 것이다.
- 흡연한 한 후에는 양치질하고 접객한다. 특히 여성 고객일 때 담배 냄새를 극히 싫어한다.

복장

- 회사의 규정 복장을 준수한다.

  서비스 업종일 경우 유니폼 착용이 좋다.
- 명찰은 반드시 착용한다. 명찰은 신뢰감을 준다.
- 신발은 유니폼의 색상과 어울리는 색을 선택한다.
- 굽이 높은 신발이나, 하이힐은 신지 않는다.

  오래 서서 근무하는 사원 개인의 건강상에도 안 좋다.
- 셔츠가 바지 밖으로 나오지 않도록 한다.
- 휴대폰이나 개인 소지품이 유니폼 밖으로 보이지 않도록 한다.

용모

- 출근 전 면도를 깨끗이 한다.
- 입 냄새, 술, 담배 냄새가 나지 않도록 한다.
- 머리카락은 귀와 옷깃을 덮지 않게 하고 무스 등으로 단정히 한다.
- 화려한 귀고리, 튀는 머리핀 등으로 치장하지 않는다.

- 기본 화장은 하되 너무 화려한 화장은 하지 않는다.

- 여성 사원일 경우 머리는 끈으로 묶거나 단발머리가 좋으며, 액세서리와 화장은 기본적인 수준으로 한다.

② 판매 준비 확인 사항

- 당일 배송 건 이상 유무 확인하기

- 당일 주력 판매 모델이나 이슈 상품의 정책 및 재고 확인하기

- 매출, 판매 진척도, 미배달 현황 확인하기

- 당일 실행할 멤버십 해피콜 건수 및 실행 내용 확인하기

□ 당일 배송 건 확인

- 당일 배송 건 중 고객과 약속한 일정 변경이 있을 때 고객에게 신속히 연락한다.

- 배송 일정 변경 이유를 설명하고 변경된 일정에 대해 재협의한다.

□ 미배달 건

- 미배달 건이란 배송 요청 일자가 지났으나 여러 사정으로 아직 배송되지 않은 건이다.

- 주문 일자의 배달 현황을 파악한다.

□ 실적 확인

- 목표 진척도, 금액, 품목별 판매 대수 실적을 파악한다.

□ 정책 확인

• 판매 제품에 대한 상세한 정보를 숙지해야 한다. 제품의 특징, 장점, 사용 방법, 가격, 프로모션 정보 등을 충분히 알고 있어야 하며, 당일 정책, 주말 정책, 판촉 정책을 확인한다.

□ 주요 제품 재고 확인

• 현재 재고 상황을 파악하고 있어야 한다. 특정 제품의 재고가 부족한 경우, 고객에게 적절히 안내할 수 있도록 준비한다.

• 프리미엄 제품, 이슈 모델, 계절 품목의 재고를 확인한다.

□ 친절도 점수 확인

• 자기 CS(고객 만족도) 점수 현황을 확인한다.

• 당일 CRM 현황 확인

• 당일 실행할 해피콜 리스트 및 건수를 확인한다.

③ 코너 담당의 역할

• 코너의 청결 상태 유지와 진열 연출 상태 확인

• 제품의 상태 및 재고 관리

• 제품 정보 및 정책을 파악하여 동료들과 공유한다.

• 담당 품목은 매장에서 타 직원보다 많이 판매한다.

• 조회 전후 반드시 코너 청결 상태를 확인하고 유지한다.

• 매장은 항상 청결하고 정돈된 상태를 유지해야 한다. 깨끗하고 정돈된 매장은 고객에게 긍정적인 첫인상을 준다.

• 담당 코너의 상품 진열이나 연출 상태를 최상의 수준으로 유지하고 진열 공백을 방지한다.

• 상품이 깔끔하게 진열되어 있는지 확인한다. 상품이 잘 보이도록 진열하고, 최신 상품이나 프로모션 상품을 눈에 잘 띄게 배치한다.

• 시즌 및 이슈에 맞는 진열을 연출 유지한다.

• 현 정책에 맞는 POP(Point of Purchase 제품 판매 시점의 홍보 문구) 부착 및 연출 물을 게시한다.

□ 제품 물류 이동 및 재고 관리

• 매장 내 진열 제품 및 창고의 재고 관리를 하여 판매 실기가 일어나지 않도록 사전에 관리한다.

• 판매 동향, 시즌, 상권에 맞는 제품을 확보하여 판매 확대에 이상이 없도록 준비한다.

• 최근의 판매 동향을 분석하여 사전 발주, 재고 확보, 진열 연출을 한다.

□ 담당 품목의 제품 정보를 파악하여 동료들과 공유한다.

□ 담당 코너의 제품을 타 동료보다 많이 판매하여 분위기를 활성화한다.

2단계 맞이 인사
(ATTENTION; 고객맞이 집중)

맞이 인사의 목적은 고객에게 첫인상을 좋게 하고, 편안함을 제공하여 매장에서의 좋은 경험을 시작하게 한다.

고객이 매장에 들어오면 밝은 표정과 친절한 태도로 인사한다. 예를 들면 "안녕하세요! 저희 매장에 오신 것을 환영합니다. 오늘 무엇을 도와드릴까요?"라고 하면서 고객의 기분을 살피고, 간단한 대화를 통해 고객이 원하는 것을 파악한다.

① 접객(고객을 접대함) 4대 인사의 종류

맞이 인사	매장 입구에서 고객을 맞이하면서 인사 ·고객님 반갑습니다. 어서오세요 ·고객님 무엇을 도와드릴까요?
코너 인사	제품 전시 코너에서 고객을 맞이하며 인사 ·고객님 안녕하세요. 무엇을 도와드릴까요?
동선 인사	매장 통로에서 고객에게 인사 ·(목례를 하면서) 고객님, 안녕하세요?
배웅 인사	상담 후 고객을 배웅하면서 인사 ·고객님 감사합니다. 또 뵙겠습니다. (재방문 권유 인사)

② 맞이 인사말

고객님, 반갑습니다. 어서 오세요.

고객님, 무엇을 도와드릴까요?

• 판매가 목적이 아니라 고객에게 도움을 주려는 마음으로 맞이 인사를 한다.

• 이런 인사는 절대 하지 않는다

예) 무엇을 찾으세요? (상품을 판매만 하려는 인상이 강하다.)

냉장고 보러 오셨어요? (고객의 상황을 추측하지 않는다)

• 감성적인 맞이 인사말

• 날씨 관련 인사말

예) 더운 날씨에 찾아 주셔서 감사합니다.

(시원한 음료나 따뜻한 음료를 대접한다.)

빗길에 찾아 주셔서 감사합니다.

• 단골손님에 대한 감성 인사를 한다.

예) 고객님 그동안 안녕하셨어요?

(고객은 판매사원이 자신을 알아주길 원한다.)

고객님! 따님 결혼식 잘 치르셨어요? (이전에 혼수 고객일 경우)

③ 동선 인사말

• 동선 인사란?

매장의 통로, 계단, 엘리베이터 주변에서 고객과 마주칠 때 하는 인사

- 동선 인사를 해야 하는 이유는?

동료 사원과 함께 이동 중인 고객에게 동선 인사를 하면, 고객은 '매장의 모든 직원이 나를 소중히 생각하는구나.'라고, 느낀다.

- 동선 인사를 하는 방법

매장에서 고객과 마주치면 목례를 하고 "고객님 안녕하세요"라고, 인사한다. 또는 허리를 가볍게 숙이며 인사를 하고 고객이 먼저 지나갈 수 있도록 길을 비켜 드린다.

④ 고객을 부르는 호칭 통일

- 기본 호칭은 "고객님"으로 한다.
- 친근한 단골손님께 하는 호칭은 고객의 성함이나 직책으로 부른다.

예) OOO 고객님, OOO 사장님, OOO 회장님

- 연세가 많으신 단골손님에게는 아버님, 어머님이라고 호칭할 수도 있다.

그러나 주의할 점은 초면인 고객이 나이가 많아도 아버님, 어머님이라고 부르지 않는다. 이런 호칭을 싫어하는 고객이 많다.

3단계 감성 접객
(MEET; 고객과 마음, 감성으로 인연을 맺음)

① 감성 접객이란 무엇인가?

고객에 대한 감성 접객(Emotional Selling)은 고객의 감정과 감성에 초점을 맞춰 고객 경험을 향상하는 판매 전략이다. 감성 접객은 고객에게 단순히 제품을 구매하는 것을 넘어 매장에서의 경험 자체가 긍정적이고 기억에 남도록 만드는 것을 목표로 한다.

고객의 처지에서 생각하고 배려하려는 태도를 보인다. 이 상황에서 내가 고객이라면 어떤 것이 필요하고, 어떤 배려를 원할 것인가? 라고 생각을 하게 되면 고객에 대한 감성 접객이 가능해진다.

감성 접객은 고객의 불편을 덜어 드리는 것과 고객의 의견 및 상황에 공감하는 것으로부터 시작한다.

② 고객의 마음을 얻는 상황별 감성 접객

• 맞이 인사의 감성 접객

날씨가 무더운 여름에 방문하는 고객에 대한 감성 접객 사례

예) 고객님! 더위에 방문해 주셔서 감사합니다.

시원한 차 한잔 준비해 드리겠습니다.

• 비 내리는 오후에 고객이 주차장에 주차 후 매장으로 들어올 때 고객에 대한 감성 인사.

예) 고객님! 비가 많이 내리는데 오시느라 힘드셨죠?
우산은 제가 우산꽂이에 잘 보관하겠습니다.
여기 종이 타월로 가방의 빗물을 닦으시겠습니까?

• 고객의 상황에 맞춘 감성 접객

고객의 동반자에 대한 칭찬을 한다.

예) (5살 미만 어린 동반자가 있는 경우) '따님이세요? 웃는 모습이 너무 귀여워요'

• 고객의 취향에 대해 긍정적인 반응을 보인다.

예) 고객님! 핸드백의 디자인이 너무 멋있습니다.

• 고객의 감정에 공감하는 감성 접객

좋은 감정을 표현한 고객에게 공감을 표현한다.

예) 고객님께서 그렇게 칭찬해 주시니 감사합니다.

• 제품이나 접객에 대해 불만을 말씀하시는 고객에게 공감을 표현한다.

예) 고객님! 고객님께서 느끼시는 불편을 잘 이해합니다.

• 차(음료수) 대접을 통해 고객의 마음 열기

차(음료수) 대접을 하는 목적은

-고객과 대화할 수 있는 계기를 얻는다.

-고객의 매장 체류 시간이 길어지고 상담의 기회를 만든다.

-차, 음료수를 드신 고객은 구매 가능성이 높다.

• 차 대접을 하는 감성 멘트

예) 고객님! 시원한 (따뜻한/맛있는/건강에 좋은) 차 한잔 드시겠습니까?

예) 고객님! 요즘 인기 있는 00차 한잔 드시겠습니까?

• 누가 차 대접을 해야 하나?

단골손님일 때 담당 판매 상담사가 직접 차 대접을 한다.

판매사원이 고객과 상담 중일 때는 타 판매사원이 차를 대접한다.

4단계 니즈 파악
(SEARCH; 구매 목적 파악 및 최적의 제품 제안)

고객의 니즈를 파악하는 것은 성공적인 판매의 핵심이다. 고객의 니즈를 파악해야 하는 이유는 고객의 필요와 요구를 정확히 이해해야 적절한 제품이나 서비스를 제공할 수 있기 때문이다. 이는 고객 만족도와 브랜드 충성도를 높이는 데 중요한 역할을 한다.

① 적극적 경청하기

고객이 말씀하시는 것을 주의 깊게 듣고, 중간에 끼어들지 않는다. 고객의 언어뿐만 아니라 표정, 몸짓 등 비언어적 신호도 놓치지 않는다.

② 반영하기

고객이 말한 내용을 반복하거나 요약하여 고객에게 정확히 이해하고 있음을 보여준다. 예를 들어, "고객님의 말씀은 실용적이고 튼튼한 제품을 찾으신다는 거죠? 와 같은 질문을 한다.

③ 개방형 질문 사용하기

'예/아니오' 같은 답변이 돌아오는 폐쇄형 질문보다는 개방형 질문을 사용하여 고객이 더 많은 정보를 제공하도록 한다. 예를 들어, '어떤 종류의 제품을 찾고 계신 가요?' 또는 '이 제품을 어떤 목적으로 사용하시나요?'와 같은 질문을 한다.

④ 구체적인 질문하기

고객의 필요를 명확히 하기 위해 구체적인 질문을 한다.

특정 브랜드나 모델을 염두에 두고 계신가요?'와 같이 물어 볼 수 있다.

⑤ 관찰 기술

- 고객이 매장에서 어떻게 행동하는지, 어떤 제품에 관심을 보이는지를 관찰한다. 고객이 특정 제품을 오래 바라보거나 만지는 경우, 그 상품에 관해 관심이 높을 수 있다.
- 표정과 몸짓 읽기

고객의 표정과 몸짓을 통해 그들이 어떤 감정을 느끼고 있는지 파악한다. 긍정적인 반응이나 부정적인 반응을 살펴보고, 그에 맞춰 대응한다.

⑥ 공감과 신뢰 구축하기

- 고객의 감정에 공감하고, 그들의 상황을 이해하는 모습을 보인다. "그 마음 이해합니다, 이 제품이 그러한 니즈를 충족시킬 수 있을 것 같아요."와 같이 말한다.
- 고객과의 신뢰를 쌓기 위해 진실하고 성실한 태도로 응대한다. 고객의 질문에 정직하게 답하고, 필요할 때 솔직하게 정보를 제공하며, 과장된 주장은 피한다.

⑦ 피드백 요청하기

- 고객의 의견을 듣고, 그들이 어떤 점을 중요하게 생각하는지 파악한다. "이 제품에 대해 어떻게 생각하시나요?"와 같이 물어

본다.

- 고객의 피드백에 따라 추가 질문을 하여 더 깊은 이해를 도모한다. "이 부분이 특히 마음에 드셨나요?"와 같이 구체적인 부분을 묻는다.

⑧ 니즈 파악의 항목

- 제품의 용도를 파악한다. 이사용 · 혼수용, 업무용, 개인 취미용, 선물용 등 제품 구매의 용도를 알아본다. 고객이 제품을 어떤 목적으로 구매하는지 확인한다.

예) 고객님! 어떤 용도로 구매하시는지요? 쓰시던 제품이 고장이 났나요? 선물하시나요? 등을 물어본다.

- 사용자가 누구인지 파악한다. 사용자가 구매자가 본인인지, 자녀인지, 연로하신 부모님인지? 파악해야 한다. 제품을 주로 사용하는 사용자를 확인해야 적당한 제품을 권유할 수 있다.

예) 고객님! 어느 분께서 주로 사용하시나요?
예) 잦은 이동과 휴대 시간이 길면 가벼운 PC가 좋습니다.

- 가족의 현황을 파악한다. 독신인지? 성장기 자녀가 많은지? 어린 자녀가 있는지? 등을 파악한다.
- 제품의 기능 및 제품의 용량 (냉장고, 세탁기) 을 제안하기 위해 가족의 현황, 가족 구성원이 어떻게 되는지?, 가족 인원이 몇

명인지? 을 파악한다.

예) 고객님! 냉장고 용량을 권해 드리려고 하는데, 가족은 모두 몇 분이세요?

• 설치 장소 및 설치 환경을 파악한다. 실내에 설치 하는지?, 실외인지? 거실, 또는 안방에 설치 하는지를 확인한다.

• 제품의 설치 장소에 적합한 제품의 크기 및 용량을 제안해야 한다. TV, 냉장고, 세탁기, 에어컨 등의 제품은 설치 장소에 따라 제품의 크기와 용량이 다를 수 있다.

예) 고객님! 햇빛이 들어오는 장소이면, 에어컨 용량이 넉넉한 모델로 하시는 게 좋습니다.

• 고객이 구매하려는 제품의 예상 가격을 파악한다.

고객의 예산을 파악하고, 고객의 사용 목적 등에 맞추어 고객에게 맞는 모델을 추천한다.

예) 고객님! 생각하시는 가격대는 어느 정도입니까? 그 정도 가격대의 아동용 컴퓨터는 이런 모델이 있습니다.

• 현재 사용 중인 제품의 상황 및 고객의 의견을 파악한다.
제품이 고장 났는지? 수리가 불가하거나 과다한 수리비가 발생하는지? 등을 파악한다. 디자인, 기능, 사용 비용(전기료, 수도료) 불편한 내용 등을 파악한다. 구형이라 싫증이 난 건지? 전기, 수도료가 최신 제품 대비 많이 발생하는지? 기능상 불편한 부분이 있는지? 파악한다.

5단계 효용설명
(USE BENEFIT; 제품이 제공하는 이점)

판매사원이 고객과 상담하면서 제품의 효용을 설명하는 것은 고객이 제품의 가치를 이해하고, 구매 결정을 내리는 데 중요한 역할을 한다.

① 제품의 효용을 설명하는 이유는 무엇인가?

· 고객의 제품에 대한 이해 증진

첫째, 제품에 관한 정보를 제공하여 고객이 제품의 기능과 장점을 충분히 이해하게 하고, 제품 선택에 대한 자신감을 높인다.

둘째, 제품에 대한 지식이 부족한 고객에게 필요한 정보를 제공하여, 제품 사용의 이점을 깨닫게 한다.

· 구매 결정 지원

고객의 구매 의사결정을 촉진한다. 제품의 효용을 명확하게 설명함으로써, 고객이 더 쉽게 구매 결정을 내릴 수 있도록 돕는다. 또한 고객이 갖고 있는 의구심이나 우려를 해소하여, 구매 결정을 긍정적으로 이끌어 판매 성공률을 높인다.

· 차별화 강조

제품의 독특한 장점과 경쟁 제품과의 차별화를 강조하여, 고객에게 구매할 만한 이유를 제공한다.

• 브랜드 신뢰 구축

제품의 품질과 신뢰성을 강조하여, 브랜드에 대한 긍정적인 이미지를 구축한다.

• 고객 만족도 향상

고객의 필요와 요구에 맞춘 제품 설명으로 고객 만족도를 높이고, 구매 결정 및 재방문을 유도한다.

• 제품 사용 후 발생할 수 있는 문제나 사후 관리에 대해 안내하여, 고객의 신뢰를 얻는다.

② 효용의 가치는 무엇인가?

• 효용의 가치는 비가격 가치이다.

가격으로 판매하는 판매사원이 아니라 제품의 '비가격 가치'를 고객에게 전달하는 판매사원이 이상적인 판매사원이다.

가격을 유일한 무기로 제품을 판매하면 고객들로부터 ' ~팔이'라는 평가를 받고, 판매사원으로서의 인정을 받지 못한다.

• 비가격 가치에는 어떤 것이 있나?

첫째, 제품을 소유함으로써 만족감을 얻는다.

다른 사람보다 먼저 신제품 휴대전화를 구매함으로써 만족감을 느낀다.

둘째, 제품의 기능이 주는 가치를 느낀다.

절전 효과가 있는 전기 사용 1등급 냉장고, 에어컨, 수도료를 절약해 주는 세탁기, 냉방병을 예방하는 건강한 무풍 기능 에어컨 등에서 제품의 가치와 제품이 주는 혜택을 느낀다.

③ 제품의 비가격 요소를 설명하는 기술

• 객관적 설명이 가능한 비교 설명

판매하려는 제품과 현재 고객이 사용 중인 제품을 비교한다. 고객이 현재 사용하고 있는 제품의 불편을 해소할 수 있는 제품을 찾을 수 있다.

예) '고객님! 현재 사용 중인 제품의 에어컨은 어떤 상태인가요? 혹시 사용하시면서 느끼는 불편함이 있으신가요?' 전기료가 많이 나온다. 에어컨 소음이 심하다 등이 있을 수 있다.

• 동일 브랜드 제품 A, B 비교 설명

A 모델과 B 모델의 특장점 차이를 설명함으로써 고객에게 적합한 모델을 추천할 수 있고, 그 모델을 사용함으로써 얻어지는 혜택을 전달할 수 있다. 예를 들어 일반모델 vs 프리미엄 모델, 구형 vs 신형 모델의 차이점을 설명하여 제품이 주는 가치를 느끼게 한다. 고객에게 적합한 모델의 우수성을 설명하기 위해 비교를 한다. 예를 들어 '고객님! 이 모델이 ~~ 해서 고객님께 더 적합한

것 같습니다.'

• 경쟁사 제품과의 차이점 비교 설명

자사 제품이 경쟁사 제품보다 디자인, 기능, 객관적인 평가 등에서 우수한 내용을 설명한다. 신문 및 전문 잡지의 기사, 고객들의 의견, 경쟁사 홈페이지 방문 등으로 자사 제품과 경쟁사 제품의 차이점을 파악한다.

• 경험 및 사례에 대한 설명

판매사원 자신의 제품 사용 경험을 객관적으로 설명한다. 예시로 '제가 이 휴대폰을 사용하고 있는데 사진 촬영에 정말 좋습니다. 여행을 좋아하시면 정말 좋은 추억을 남길 수 있습니다.' 고객들의 제품 사용 경험을 소개한다. 예시로 '단골 고객님께서 이 냉장고를 사용하고 계시는데 채소가 신선하게 오래 보관된다고 하십니다.'

• 고객이 체험할 수 있도록 설명한다.

고객에게 제품을 만지고, 작동하도록 하여 제품의 질감, 무게, 기능의 편리성을 느끼게 한다. 제품을 만지고, 기능을 느끼게 하는 방법은 어떻게 하는가? 판매사원은 입으로만 제품을 설명하는 것이 아니라, 판매사원 자신이 제품을 만지고, 작동하면서 설명하면 고객의 집중도가 향상된다. 판매사원의 그런 모습을 보고 고객도 제품을 만져보고 작동하고 싶은 마음을 갖게 된다. 예를

들자면 '이 냉장고의 문을 만져보세요. 문을 여닫기가 편리합니다.'

'이 청소기를 끌어 보세요. 가볍게 끌려옵니다.' '이 TV의 화질과 저 TV의 화질을 비교해 보십시오. 이 TV의 색이 진하고 선명합니다.' '고객님께서 직접 이 휴대전화로 사진을 찍어 보시고, 다른 휴대전화로 찍은 사진을 비교해 보세요.'

• 객관적인 DATA와 사례로 설명한다.

고객들은 회사가 만든 자료보다 신문 및 잡지의 기사, 전문가의 평을 더 신뢰한다. 특히 남성 고객들은 객관적인 기사나 평가로 제품을 구매하는 경향이 강하다. 객관적인 DATA와 사례로 설명하는 방법은 어떻게 하는가? 신문 기사와 잡지의 기사, 전문가의 평을 활용하여 설명한다. 예를 들어 '고객님, 00 신문의 00 냉장고에 관한 기사입니다.' '00 냉장고의 00 같은 장점에 관한 기사입니다.' '고객님, 00 에어컨이 가장 많이 판매되었다는 기사입니다.' '에어컨도 00이라는 기사 내용입니다.'

6단계 구매 결정
(NEGOTIATION; 구매 결정을 위한 확신 주기)

고객이 결정을 내리기 쉽게 하여 구매로 이어지도록 한다. 구매 결정 단계로는 아래와 같다.

구매 결정 PROCESS 6단계

1단계	테이블로 안내
2단계	명함 및 카탈로그 전달
3단계	멤버십 혜택 설명
4단계	구매 확신 주기
5단계	추가 구매 문의
6단계	배송 안내 및 결제

1. 1단계 테이블로 안내

① 고객을 테이블에 앉도록 하는 이유는 무엇인가?

- 테이블에 앉은 고객은 구매 가능성이 높은 고객이다.

- 테이블에 앉을 때 차분한 상태에서 자세한 상담을 할 수 있다.

② 고객을 테이블로 모시는 멘트는 상황에 따라 어떻게 하는가?

- **연령이 많거나 몸이 불편한 고객의 경우**

'고객님! 오래 서 계셨는데 다리가 아프시죠? 테이블에 앉아서 설명해 드려도 될까요?' 하면서 테이블로 모신다.

- **어린 자녀를 데리고 오신 고객의 경우**

'고객님! 아기를 안고 계시느라 팔이 아프실 텐데 테이블에서 설명해 드릴까요?' 하면서 테이블로 모신다.

- **무거운 짐을 들고 계신 고객을 테이블에 앉도록 권한다.**

'고객님! 짐이 무거운데 테이블에 놓고 편안히 앉으시겠습니까?'

- **상담이 무르익었을 때 테이블에 앉도록 권한다.**

'고객님 제품에 관한 내용을 컴퓨터로 확인해야 합니다. 테이블에 앉으셔서 말씀을 드릴까요?'

2. 2단계 명함 및 카탈로그 전달

※ 고객에게 명함을 주는 타이밍은 언제가 좋은가?

- 고객과 처음 대면을 했을 때
- 고객과 테이블에 앉을 때
- 계산서나 영수증을 드릴 때
- 배웅할 때

※통상적으로 배웅을 할 때 명함을 주는 경우가 많으나,

- 고객에게 처음 말을 걸 때,
- 고객과 테이블에 앉을 때 명함을 주는 것을 권장한다.

※ 고객에게 명함을 줄 때 갖추어야 할 예의는 무엇인가?

- 오른손에 명함을 쥐고 왼손과 모아서 두 손으로 준다.
- 명함의 방향은 글자가 고객이 바로 보이도록 한다.
- 자신을 소개하며 명함을 준다.

  '저는 TV 전문상담사 OOO입니다.'
- 상담한 모델 번호를 명함의 빈 곳에 적어서 준다.
- 상담만 한 후에 구매하지 않은 고객에게도 명함을 준다. 왜냐하면 명함을 받은 고객은 재방문 가능성이 커진다.

※ 고객에게 카탈로그는 어떻게 전달하는가?

- 본격적인 제품 상담을 시작할 때 카탈로그를 보여 드리며 상담한다. 특히, 제품 진열이 되어 있지 않은 모델 및 소액 제품은 카탈로그로 상담한다.
- 테이블에 앉아서 상담을 시작할 타이밍에 카탈로그를 활용하여 상담한다.
- 상담한 모델을 표시 또는 해당 페이지를 접어서 준다. 고객이 상담받은 모델을 확실히 알 수 있도록 배려하는 차원이다.

3. 3단계 멤버십 혜택 설명

① 멤버십 혜택 설명과 멤버십 가입 권유

멤버십 고객이 되면 얻을 수 있는 혜택을 설명한다. 일반 고객과 비교하여 더 얻을 수 있는 혜택 위주로 설명한다.

② 멤버십 가입 여부 및 가입 권유 멘트 사례

'고객님! 멤버십에 가입하셨습니까? 멤버십 고객의 혜택을 설명해 드리겠습니다.'

③ 멤버십 고객일 때

'고객님! 성함과 전화번호를 알려주시면 고객님께 드릴 혜택을 확인해 드리겠습니다.'

④ 비 멤버십 고객일 때

'고객님! 멤버십에 가입하시면 000과 같은 할인 혜택과 포인트 적립 혜택을 받으실 수 있습니다.'

4. 4단계 구매 확신 주기

① 구매 확신 타이밍을 확인한다.

고객이 구매 의사를 보이는 징후는 다음과 같다.

- 아무 말도 하지 않고 잠시 생각에 빠졌을 때
- 제품의 인기 확인, 재고 확인, 배달 확인을 하실 때

예) 이 제품은 얼마나 잘 팔리고 있나요?

이 제품 물건은 있나요?

이 제품 배달은 언제 가능한가요?

• 구매 조건, 할인 조건을 물어볼때

예) 몇 개월 할부인가요? 얼마나 싸게 해줄 수 있나요?

②구매 결정을 권유하는 방법

• 두 제품 중 양자택일을 권유한다. 여러 상담한 제품 중에서 2개 제품으로 압축을 한 다음 양자택일하도록 권유한다. '고객님! 이 제품과 저 제품 중에서 하나를 고르시면 될 것 같습니다.'

• 맞장구를 치면서 권유한다. '고객님! 의견에 동감합니다. 역시 고객님께서 생각하시는 이 제품이 좋을 듯합니다.'

• 동반자의 동의를 구하면서 권유한다. 동행 하신 고객의 의견을 확인하고 동반자님께 '이 제품이 역시 좋지 않나요?'라고 동의를 구하면서 권유한다.

• 고객이 만족할 것으로 추정하면서 권유한다. '그럼, 이 제품을 준비해도 되겠습니까?' 하면서 권유한다.

• 고객이 구매 함으로써 얻을 수 있는 이점과 가치를 다시 설명하면서 권유한다. '오늘 할인행사 기간에 구매하시면 아주 저렴하게 구매하시는 겁니다'라고, 권유한다.

③고객의 결정에 대해 확신을 준다.

- 고객에게 가장 적합한 제품이라는 확신을 준다.

예) '고객님! 고객님께 가장 알맞은 제품을 구매하셨습니다.'

- 좋은 제품인 것을 확인한다.

예) '고객님! (편리한, 멋있는, 저렴한, 경제적인) 제품을 구매하셨습니다.'

- 제품을 구매함으로써 좋아진 점을 상기시켜 준다.

예) '고객님 댁의 인테리어에 가장 잘 어울리는 모델입니다.'

- 구매의 확신을 방해하는 요인을 해결해야 한다.

④ 고객이 구매를 망설이는 징후는?

첫째, 판매사원에 대한 불신이나 구매하려는 제품에 대한 불만이 있는 경우

판매사원의 상담 내용에 대해 불신을 느끼는 경우 고객님은 이렇게 생각한다. '판매사원의 말대로 절전 효과가 있을까? 정말 이 모델이 가장 인기 있는 모델인가?'라고 불신할 수 있다. 또한 구매하려는 제품에 대한 불만을 느끼는 경우인데 제품의 기능, 디자인, 가격, 고객에게 부여하는 정책 등에 대한 불만을 느끼는 경우이다. '냉방 기능이 좀 더 강했으면 좋겠는데, 생각보다 가격이 비싸다.' 등의 불만이 있을 때 고객은 구매를 망설이게 된다.

둘째, 제품 정보에 대한 오해가 있는 경우

제품에 대해 잘못된 정보를 갖고 있는 고객인데 '드럼 세탁기

는 세탁력이 약하고 세탁 시간이 오래 걸린다고 하던데요, 저쪽 회사에서는 이 회사 에어컨은 좋지 않다고 하던데요.' 하는 잘못된 정보를 알고 있는 경우 구매를 망설이게 된다.

셋째, 가족의 동의가 필요할 경우

평일에 혼자 방문한 고객일 경우 가족의 동의를 구해 주말에 다시 방문하겠다는 고객이다. 사용자가 자녀이거나, 구매 결정권이 남편이면 주말에 동반 방문하여 구매하는 경우이다.

⑤ 구매 결정할 때의 확인 사항은 어떤 것이 있는가?

• 고객이 구매하는 제품의 모델을 재차 확인한다. 제품을 설치한 후에 본인이 선택한 모델과 다르다는 클레임을 방지하기 위해서 최종 선택한 모델을 확인한다. 가끔 고객이 여러 모델을 상담받는 경우 최종 선택한 모델을 혼동하는 때도 있다.

예) '고객님께서 선택하신 제품은 OOO입니다.' 명함에 선택한 모델을 적어 주거나 카탈로그의 해당 페이지에 표시해 주거나, 계약서에 적어 준다.

• 고객의 혜택에 대해 재차 설명해 준다.

고객님이 받을 정책, 사은품을 다시 한번 더 설명해 준다.

예) '고객님께서 받으실 정책, 혜택, 사은품 내용은 OO입니다.'

• 고객이 받을 포인트를 확인해 준다.

예) '고객님! 이번에 받으시는 포인트는 OOO입니다.'

- 결제 금액을 확인한다.

예) '고객님! 이번에 결제하실 금액은 금융 정책, 할인 정책, 포인트 사용 등을 사용하여 최종 00입니다.'

5. 5단계 추가 구매 문의

① 추가 구매 확인을 하는 목적은 고객의 잠재 니즈를 파악하기 위함이다.

오늘 제품을 구매한 고객에게, 추가로 필요한 제품을 확인하여 가망 고객으로 등록하고 관리함으로써 향후 추가 매출을 확대할 수 있도록 한다.

② 추가 구매 니즈를 확인하는 방법

제품을 구매한 모든 고객에게 추가 구매 니즈를 확인해야 한다. 예를 들면 '고객님! 더 필요하신 제품이 있으신가요?' 또는 '앞으로 추가 구매하시거나 관심이 있는 제품이 있으신가요?' 하면서 정보를 파악한다.

6. 6단계 배송 안내 및 결제

① 배송 안내를 확실하게 해야 하는 이유는?

- 정확한 배송 안내를 하면 배송 관련 클레임을 예방할 수 있다. 배송 클레임을 예방하여 이에 대한 시간과 노력을 판매에 집

중할 수 있다. 배송지 환경. 설치 환경에 적합한 모델을 추천하여 인수 거부와 같은 판매 취소를 예방할 수 있다.

② 배송과 관련하여 고객의 정보를 사전에 파악하는 내용

• 구매자 정보를 확인하기

구매자의 성명, 배송지 주소, 연락처 등을 확인하고 멤버십 가입 여부도 확인한다.

• 인수자 정보를 확인하기

구매자와 인수자가 같은지 다른지 확인한다. 구매자와 인수자의 주소가 다를 때도 있다.

• 배송일자와 시간 확인하기

고객이 원하는 배송일자와 배송 시간이 물류센터의 배송 가능일, 시간과 일치하는지 확인한다.

• 설치 장소와 설치 환경 확인하기

설치 장소에 사다리차가 필요하면 사전에 사용 요청을 해야 한다. 제품 설치 장소와 환경도 확인해야 하는데 세탁기의 경우 욕실, 베란다, 실내, 옥외인지 확인한다. 에어컨의 경우에는 실외기 설치 장소 배관상태 등을 확인한다.

• 폐가전 회수 여부 확인하기

고객이 사용 중인 폐가전의 회수 여부이다.

• 기타 특이 사항을 확인하기

배송 관련 고객의 희망 사항을 확인해야 한다.

③ 결제할 때의 확인 내용

• 금융 판촉 결제 내용

금융 정책 내용을 정확하게 반영하여 판매하였는지 확인한다. 금융 정책 내용은 금융 정책의 혜택, 할부 기간, 포인트 상환 등을 말한다.

• 결제 수단 및 결제조건을 확인

결제 수단, 즉 카드 결제, 현금 결제, 상품권 결제, 포인트 등의 결제 수단과 결제조건을 확인한다. 일시금 결제, 할부 결제, 할부 기간 등이다. 예) '고객님, 결제는 어떻게 하시겠습니까?' 결제 수단을 물어본다. '무이자 할부가 되는 카드는 00 카드입니다.' 무이자 할부 여부를 물어본다.

• 결제 금액을 확인

결제된 금액을 고객에게 설명하고 고객이 확인하도록 한다.

예) '고객님! 몇 개월 할부/ 일시금으로 00원을 결제하였습니다. 금액을 확인 부탁드립니다'.

• 현금 결제 후 거스름돈 확인

현금 결제의 경우 거스름돈 금액을 말하며 준다. 예) '고객님! 00 금액 결제하고 거스름돈은 00입니다'.

- 결제할 때의 예절

결제 금액에 관한 확인 및 안심을 위해 결제 금액을 말한다. '고객님! 총구매 금액은 00원입니다.' 현금 구매 고객일 경우 결제 금액을 말하고, 거스름돈을 줄 때 금액을 말한다. '고객님! 총구매 금액은 00원이고, 거스름돈은 00원입니다.'

영수증을 줄 때 지갑에 넣기 편하도록 영수증의 가운데를 접어서 준다. 또는 회사 봉투에 넣어서 드린다.

7단계 배웅
(good bye; 고객의 재방문을 권하는 감성 배웅 인사)

1. 배웅 인사의 원칙

① 문밖 3보 이상 나가서 배웅 인사를 한다.

1층 매장에서 배웅할 때는 현관 밖 3보를 나가서 배웅 인사를 한다.

복층의 2층 이상에서 배웅할 때는 엘리베이터 입구나 계단 입구까지 가서 배웅한다.

제품을 직접 가지고 가는 고객의 경우 주차장까지 제품을 들어

준다.

② 기본 배웅 인사는 재방문을 권하는 인사로 한다.

예) '고맙습니다./ 감사합니다. 또 들러 주십시오'.

• 재방문을 권하는 인사를 해야 하는 이유는?

매장을 찾는 고객의 50%는 구매 고객, 50%는 비구매 고객이다. 구매 고객에게도 재방문을 부탁하는 인사를 한다. 비구매 고객에게는 다시 한번 우리 매장을 찾아오도록 부탁하는 인사를 한다.

• 금지 인사는 사용하지 않는다.

'안녕히 가세요/가십시오'. 이런 인사는 재방문 인사가 아니다.

2. 상황별 인사는 어떤 것이 있는가?
① 엘리베이터 입구에서의 배웅 인사

고객이 엘리베이터를 탈 때까지 오픈 버튼을 눌러 고객이 타기 편하게 해 드린다.

엘리베이터의 문이 닫히기 전에 배웅 인사를 한다.

엘리베이터의 문이 완전히 닫힐 때까지 기다린다.

엘리베이터의 문이 닫힌 후에 자리를 뜬다.

② 매장 입구에서의 배웅 인사 예절

- 매장 입구에서 배웅 인사를 할 때는 고객을 위해 매장 입구 문을 열어 드린다.

고객이 완전히 매장을 나갈 때까지 문을 잡아 드린다. 매장 현관 밖 3보 위치에서 배웅 인사를 하는 것이 원칙이다.

- 고객 배웅 후에 바로 등을 돌리지 않는다. 고객에게 배웅 인사를 한 후, 2~3초 정도 기다리는 여유가 필요하다. 그 2~3초의 배웅이 고객에게 좋은 인상으로 남는다. 고객이 인사를 받고 돌아봤을 때 사원이 뒷모습을 보이는 것과 앞모습을 보이는 것의 차이는 고객의 감정에 큰 차이를 남긴다.

③ 자가용으로 오신 고객을 배웅하는 예절

- 소형 제품을 구매하였을 경우 차에 실어 드리고 배웅 인사를 한다.
- 몸의 거동이 불편하실 경우 차 문을 열어 드린다.
- 차가 매장 주차장을 안전하게 빠져나가도록 도와드린다. 차 이동 방향을 유도하여 이동 동선을 잘 모르시는 고객이 불편해하지 않도록 도와드린다. 도로의 차량 흐름이 없을 때 고객 차량을 도로로 진입하도록 안내해 드린다.

④ 택시를 타는 고객을 배웅하는 예절

- 택시를 잡아 주며, 택시 기사에게 '기사님, 저희 고객님 잘 부탁드립니다'. 라고 당부 인사를 한다.
- 택시를 탄 고객이 보이지 않을 때까지 배웅한다.

Chapter 4
판촉 기획

판촉의 정의

판매 촉진은 구매 니즈를 자극하여 판매가 늘어 나도록 유도하는 일련의 행위이다.

소비자와 유통업자의 수요를 자극하는 광고, PR(Public Relations), 인적판매 이외의 모든 촉진 활동을 의미한다. 일반적으로 제품이나 서비스의 판매를 촉진하기 위한 비교적 단기적 동기 부여 수단의 총칭이기도 하다.

1) 판매 촉진의 목적

첫째, 신규 소비자에 대한 시험 구매를 유도하고 신규 고객 확보 수단으로 실시하여 단기간 매출 증대 효과를 높인다.

둘째, 기존 고객들의 지속적인 구매를 유도하여 자사 제품에 대한 충성도를 높인다. 기존 고객과의 관계를 강화하여 매출을 올려야 한다.

셋째, 충성도가 높지 않은 고객의 구매율을 높이거나 경쟁사의 고객을 자사로 유치하기 위한 목적으로 실시한다.

2) 판매 촉진의 효용 가치

첫째, 가격에 민감한 고객을 유치하여 단기간에 높은 매출을 올릴 수 있다.

둘째, 시장 점유율이 낮은 브랜드가 진열 공간을 확보하기 위해 실시하며, 사은품 제공, 가격할인 등으로 고객을 유인하여 매출을 올릴 수 있다.

셋째, 다른 수단 즉, 광고나 인적판매와 같이 사용하여 시너지 효과를 올릴 수 있다.

3) 판매 촉진의 한계점

첫째, 잦은 판매 촉진과 가격할인은 소비자에게 저가 브랜드의 이미지를 각인시킬 수 있다. 그래서 선두 브랜드나 점유율이 높은 제품은 판매 촉진을 자주 사용하지 않는다.

둘째, 광고와는 달리 장기간 소비자의 선호와 충성도를 끌어내기가 쉽지 않다. 광고와 PR 등에 비해 단기간의 효과는 있지만 장기간 효과가 지속되지 않는다.

매장 판촉의 정의

　매장에서 판매를 촉진하기 위한 모든 활동으로 매장이 위치한 상권과 고객에 대한 분석을 바탕으로 사전 시나리오 수립 및 계획을 세워 철저히 준비한다. 경쟁 매장과 차별화하는 방법으로 집객 및 효율을 극대화하여 판매 목표를 달성하고 지속적인 성장 기반을 다지는 핵심 활동이다.

판촉은 차별화된 구매 경험을 제공하는 통합된 스토리다

판촉은 기본적으로 고객 집객을 목적으로 하며, 수요가 있는 고객을 정확히 지정하고 홍보하는 것이 효율적이다. 집객 활동을 통해 방문한 고객은 판촉 홍보와 같은 구매 혜택, 상품설명을 기대하므로 상담에서 배송까지 그 기대에 맞추어야 한다. 판매 성공률을 올리기 위해서는 팔아야 하는 모델에 대한 전 직원의 차별화된 세일즈 토크 훈련이 되어 있어야 한다.

넓은 의미에서 주력 판매 모델의 재고 확보, 부각연출, 제품 상담 주요 포인트를 전 직원이 공유, 당사 전용 모델로의 유도, 금융 정책, 이슈 정책 등의 통합적 솔루션을 제공하는 것도 판촉의 구성요소이다.

고객의 관점에서 방문에 의한 구매 만족 경험은 매장 호감도를 높이고 재방문 및 재구매를 촉진한다. 이에, 집객에 의한 구매 경험의 만족도를 높이는 것은 판촉의 완결 요소이다.

판촉은 일회성 집객 활동이 아니라 장기적이고, 지속적인 고객 집객 활동이다. 이를 고려하여 판촉을 기획해야 한다. 예를 들면 전단을 보고 방문하여 소액 제품을 만족스럽게 구매한 후에 멤버십도 가입하였다. 그 후 재방문을 통해 본인이 추가 구매도 하고 또한 지인 소개를 통해 지인이 구매하면 매출 증대, 추가 고객 증가로 이어진다. 이런 것이 판촉의 효과이자 목적이다.

매장 판촉의 7단계 프로세스

점 판촉 계획을 수립할 때 왜, 무엇을, 어떻게, 누가라는 관점에서 직원들과 취지를 공유하면 자발적이고 정서적인 동의를 얻기 쉽다. 하루하루 장사가 급한 상황 속에서도 관리자의 선제적인 점 판촉 기획력이 한 명의 고객이라도 더 모객하여 실적 성과의 차이를 만든다.

점 판촉은 관리자의 계획수립, 실행, 성과 분석의 관점에서 보면 단계적 프로세스로 정리하는 것이 실용적이다. 7단계 실행 단계를 살펴보면,

1단계; 판매 목표 편성(Goal)

2단계; 상권/고객 분석

3단계; 표적 선정

4단계; 차별화 혜택 구성

5단계; 판촉 테마 선정

6단계; 홍보(진열, 연출) 계획

7단계; 일정표를 통한 과정 관리이다.

① 1단계 판매 목표 편성

• 매장에 편성된 월 목표에 시즌 이슈, 품목 지수를 반영하여 수립한다. 시황, 경쟁 이슈, 판매사원의 품목 판매 성공률 등을 고려하여 계획을 수립하고 판매사원별, 품목별로 목표를 배분한다.

• 목표 대비 매출 미달 예상 시 추가적인 집객 목표와 객단가 상향, 교차 판매 등의 전략을 세워 매출을 보강해야 한다.

• 목표 배분 시 주력 품목의 성공률이 높은 직원에게 가중치를 부여한다.

〈판매 촉진 시 매출 공식= 집객수 X 접객률 X 객단가 X 판매 성공률〉을 토대로 항목별 목표를 배분한다.

② 2단계 3C 분석(상권/고객 분석, 매장분석, 경쟁분석)

・고객 (상권/고객) 분석

매장 상권의 범위 및 세대수를 파악해야 한다. 1차 상권 내 나의 매장의 매출 CAPA는 얼마인가? 1차 상권 내 나의 매장의 매출 점유율은 얼마인가? 1차 상권 내 우리 회사 제품의 판매 비율은 어느 정도인가? 판촉 활동을 할 수 있는 유효고객의 보유 현황은 몇 명인가? 월별 신규 고객 및 이탈 고객 현황은 어떠한가? 상권의 변화가 최근에 있는가? 인구, 가구 구조, 상가의 동향, 아파트 입주 여부, 쇼핑센터 출점 등을 파악한다.

・나의 매장의 강점 분석

고객을 분류(Segmentation)하여 적절히 공략(Targeting)하더라도, 나의 매장 강점에 기반한 차별적 우위 요소가 없으면 집객된 고객은 경쟁 매장으로 흘러간다. 경쟁 매장의 장단점을 명확히 분석하여 나의 매장의 강점 발굴 및 약점을 회피하는 전략이 필요하다.

・ 경쟁 매장분석

행사 시행 전, 주말, 주중에 경쟁 매장을 방문하여 주요 모델 및 정책을 파악한다. 경쟁 매장 전단, 실시간 고객 반응 등을 고려하여 당사 주력 모델 변경 운영, 혜택 강화, 우수한 판매상담사의 배치, 담당 변경 운영 등으로 실시간 판매 기회를 포착한다.

③ 3단계 타겟(표적) 선정

타겟은 공략 고객 또는 공략 지역을 의미하며, 타겟은 자기 매장의 강점을 기반으로 선정될 수 있다. 아래는 상권 및 타겟을 분석하여 판촉 계획 수립할 때 고려 해야 하는 사항들이다.

- 1, 2차 상권 분석을 통한 타겟을 선정한다.
- 월 단위별로 나의 매장 고객 수와 판매 금액 변화를 파악한다.
- 월별 금액 기준으로 소액 구매 고객 수와 고액 구매 고객 수의 변화를 파악한다.
- 상권별로 구매 고객 수와 객단가를 비교해 본다.
- 상권 내 주요 아파트별 구매 고객 수의 추이를 비교해 본다.

위 분석을 통해 상권별, 주요 아파트별, 고객별 타겟을 선정하여 가장 효율적인 판촉을 구상한다. 맞춤형 타겟을 선정할 때 고려 사항이다. 타겟 선정의 예를 살펴보면

첫째, 상권 맞춤형 타겟 선정이다.

- 졸업 시즌엔 학교 입구에서 판촉을 시행한다.
- 매장과 인접한 극장, 맛집 등과 co-marketing(공동으로 전개

하는 마케팅 활동)판촉을 한다.

- 아파트 입주 판촉을 시행한다. (입주카페 가입 활동 홍보, 신규 아파트 입주 박람회 홍보 등)

둘째, 교체 주기를 고려한 타겟 선정이다.

- 혼수 구매 후 IT 제품 구매 시기, 1차 재구매 시기, 2차 재구매 시기별로 타겟 공략 판촉을 한다.

셋째, 시즌, 이슈별 타겟 선정이다.

신년 맞이, 명절, 기념일, 스포츠 이벤트 등의 사회적 이슈에 맞추어 고객의 잠재된 니즈를 자극하여 판촉을 시행한다.

④ 4단계 차별화 혜택을 구성한다.

- 경쟁사 대비 정책, 물류 등 고객이 느낄 수 있는 차별화 혜택이 있어야 하며, 전 직원이 이러한 차별화 요소를 잘 숙지하고 고객에게 잘 설명하는 것도 중요하다.
- 할인 정책 외에도 금융 정책을 잘 활용하여 고객에게 좀 더 혜택을 주어야 하며, 타 매장과의 가격 마찰을 피하고자, 비교적 가격 비교가 쉽지 않은 고가 모델로 전환 판매, 타 모델 전환 판매, 알기 쉬운 설명 방법 등의 활용이 중요하다.

- 차별화 방법으로는 단순히 추가 포인트 정책, 사은품, 매장 추가 혜택과 같은 직접적 혜택 외에도 전용 모델 판매, 프리미엄 모델로 업셀링, 상호 보완 품목끼리 번들 판매, 단종 모델 할인 판매, 기타 정책과 연계 판매 등 다양한 방법의 판매 역량을 갖추어야 한다.

- 판촉 1주일 전부터 마케팅 가이드 연구, 나의 매장의 상권과 연계한 차별화 정책을 숙지, 물량을 확보, 세일즈 토크의 체질화를 하는 것도 차별화된 혜택을 제공하는 토대가 된다.

- 전년도 판매 추이를 분석하여 품목 차별화 혜택을 구성한다.

- 프리미엄 품목의 롤 플레잉, 금융 정책 연계, 기타 정책을 연계한 업 셀링 등 주력 모델에 대한 세일즈 스토리를 구성하고 사전 교육을 통해 충분히 숙지한다.

⑤ 5단계 판촉 테마 선정

- 판촉 테마는 본사의 판촉 테마를 함께 활용할 수도 있으나, 나의 매장만의 독특한 판촉 테마를 선정할 수 있다.

- 매장 상권 내 이슈를 활용하여 상권 맞춤형 테마 운영이 가능하다.

⑥ 6단계 홍보 계획

- 관리자는 판촉 수단별 효과, 고객 반응률 등을 분석하여 상권에 적합한 내용을 홍보한다.
- 대도시/ 중소도시, 경합/독립매장, 서비스/일반매장 등 나의 매장의 상권 요소에 맞는 홍보 수단을 발굴하여 선택과 집중을 한다.

⑦ 7단계 일정표를 통한 과정 관리

- '계획되지 않는 시간은 사라진다'라는 말이 있듯이 바쁜 일과 중 사전에 계획되지 않으면 철저한 판촉 준비를 하기 어렵다.
- 판촉역할 담당과 업무 일정을 공유한다. 관리자는 체크리스트를 통해 각 담당의 판촉 업무 실행 과정을 관리한다. 이를 통해 전 판매사원이 판촉 계획에 동참하는 분위기를 조성한다.
- 일정표에 의한 판촉 준비의 유익한 점은 행사가 반복될수록 팀워크가 다져진다. 또한 성과의 맛을 보게 되면 직원들도 판촉에 대해 자발적으로 참여하는 계기가 된다.

판매 촉진의 유형

판촉의 유형에는 소비자를 대상으로 하는 것과 유통업자(중간상)를 대상으로 하는 판촉이 있다. 판매 촉진의 수단에는 가격 관련 수단과 비가격적인 수단이 있다.

첫째, 소비자 대상 판매 촉진이다.

① 가격 측면의 수단
◆ 가격할인

- 단순히 정규가격에서 일정률만큼 가격을 할인해 주는 방법이며, 실시 전 소비자에게 홍보하여 효과를 극대화한다.
- 유통업자가 자사 제품을 더 많이 취급하도록 유도하며, 매장의 좋은 위치에 진열하도록 권장한다.
- 기존 구매자에겐 더 많이 구매하게 하고, 경쟁자 고객에게나, 충성도가 약한 소비자에겐 구매 촉진을 하도록 유도한다.
- 사례

미국의 블랙 프라이데이와 유럽의 크리스마스 마켓 시즌 같은 연례 할인 행사에서는 전자제품, 의류 등이 대폭 할인된 가격에 판매된다. 예를 들어, 대형 소매점인 베*트 바*(Be** B*)나 월*트(Wal**t)는 블랙 프라이데이 기간 동안 다양한 상품에 대해 50% 이상의 할인을 제공한다.

◆번들링 판매

연관된 상품을 추가로 구매 시 할인 혜택을 부여한다.

- 사례

**전자는 신제품 휴대전화 구매 시 스마트워치나 관련 액세서리를 할인된 가격에 함께 제공하는 프로모션을 진행한다. 이는 소비자가 더 많은 제품을 구매하도록 유도한다.

◆ 쿠폰 지급

- 쿠폰을 지급하여 구매 시 일정률만큼 가격을 할인해 준다.
- 인쇄물, 우편, 인터넷, 모바일 등을 통해 지급한다.
- 성숙기(제품 수명 주기 중 가장 판매가 많은 시기) 제품은 구매를 촉진하여 더 많은 제품 구매를 유도하고, 신제품은 제품 홍보 효과와 시험 구매를 촉진한다.
- 사례

맥도**(McDo**)는 자주 쿠폰을 발행하여 특정 메뉴를 할인된 가격에 제공하거나, 무료 제품을 증정한다. 예를 들어, 맥도** 앱을 통해 쿠폰을 다운받아 빅맥을 할인된 가격에 구매할 수 있다.

◆ 페이백

- 제품 구매 후 일정 기간 후 영수증을 제시하면 일정률의 현금을 반환해 주는 것이다.
- 쿠폰과 달리 저가형 상품보다 고가형 상품 판촉에 활용된다.

◆ 프리미엄

- 인센티브로 동일 제품을 무료로 제공하거나, 낮은 가격에

판매한다. 예를 들면 화장품 립스틱 1+1 판매가 이에 해당한다.

◆금융 서비스

무이자 할부 서비스 또는 금융권 대출 연계 서비스 등이다.

② 비가격 판촉 수단

◆견본품(무료 샘플)

- 주로 신제품 출시 시 테스트용 무료 샘플을 제공한다.

- 기업으로서는 비용이 들지만, 신제품 출시 시 품질을 평가 받거나 홍보 수단으로 많이 사용된다.

- 사례

이*트 매장에서 다양한 식음료 샘플을 제공하여 소비자가 직접 시식해 보고 구매를 결정할 수 있도록 하거나, 화장품 회사가 무료 샘플을 제공하여 새로운 제품을 소개할 때 효과적으로 사용하는 방법이다.

◆사은품

프리미엄과 유사하지만, 구매하는 제품이 아닌 다른 제품을 제공하는 것이 다르다. 예를 들면 여름철에 에어컨을 구매할 시 선풍기나 주유권, 기타 소소한 일상품을 제공한다.

◆경품추첨

기업이 주관하는 이벤트나 캠페인에 참여하여 추첨 등의 방식으로 상금 또는 상품을 제공한다.

◆충성도 제고 프로그램(멤버십 혜택 제공)

자사 제품 또는 서비스의 구매 실적을 점수로 환산하여 금액을 되돌려 주거나 혜택을 제공한다.

- 사례

아*존(A**zon)은 아*존 프라임 멤버십을 통해 구매 시 포인트를 적립해 주고, 이 포인트를 미래 구매에 사용할 수 있도록 한다. 또한, 특정 신용카드를 사용하면 추가 포인트를 적립할 수 있다. 항공 회사 마일리지 적립도 여기에 해당한다.

◆시연회

실제 자사 제품을 보여주거나 자사 제품의 사용법과 경쟁사와의 차별적 특성을 시연해 보인다. 이는 신기술이나 아이디어 신제품에 효과적인 촉진 방법이다.

◆제품사용

제품을 소비자가 직접 사용하게 함으로써 자사 제품 품질의 우월성과 신제품 홍보를 위해 실시한다.

◆ 구매 시점 진열

소비자가 제품을 선택하는 시점에 맞춰 제품을 특별 전시하거나 대량 전시를 통하여 광고하는 것이다.

• 사례

IK**는 매장 내에서 가구와 인테리어 소품을 실제 생활 공간처럼 진열하여 소비자에게 제품의 활용 방안을 보여준다. 이러한 디스플레이는 소비자가 제품을 구매하는 데 큰 영향을 미친다.

◆ 이벤트 또는 후원

• 사례

스타**(Star**)는 종종 특정 음료를 구매하면 다른 음료를 무료로 제공하는 '1+1 프로모션'을 진행한다. 이러한 이벤트는 고객의 방문을 증가시키고 매출을 높이는 데 도움이 된다.

• 페스티벌, 체육행사, 콘서트 등의 후원 행사를 한다.
• 광고보다 비용이 적게 드는 촉진 행사이다.

둘째, 유통업자 (중간상) 대상 판매 촉진이다.

① 가격 관련 판촉 수단

◆ 입점 공제

유통 소매업자가 제품을 취급해 주는 대가로 제품 대금의 일부를 공제해 주는 것으로서 입점 수수료 공제이다.

◆ 구매 공제

제조업자가 일시적으로 출고 가격을 인하하여 일정 비율의 제품 가격을 공제하는 것이다.

◆ 현금 할인

구매 시 현금으로 구매할 때 가격을 할인해 주는 것이다. 이는 제조업자가 유동성 확보를 위해 쉽게 사용된다.

◆ 광고 공제

특정 제품을 광고 해주는 대가로 제조업자가 대금의 일부를 공제해 주는 것이다.

◆ 진열 공제

소매업자가 점포 내 자사 제품을 일정 기간 소비자에게 눈에 잘 띄는 자리에 진열 해주는 대가로 공제해 주는 것이다. 진열 장려금 또는 매대 수수료라고도 한다.

② 비가격 판촉 수단

◆ 판매사원 대상으로 자사 제품의 정보 제공과 교육을 시행한다.

◆ 판매 후 남은 재고를 반품해 주거나 유통업자의 주문 즉시 제조업자가 제품을 공급해 주어, 유통업자의 재고 부담을 덜어 준다. 그리고 판매 실기 위험도 제거해 준다.

◆ 제품 전시회로 유통업자와 구매 상담을 촉진한다.

◆ 유통업자 대상으로 경품 행사를 시행한다.

Chapter 5

매장 연출

매장은 상품을 판매하기 위해 존재한다. 매장을 보기 좋게 꾸미고, 상품을 잘 정리하고 진열해도 상품이 팔리지 않으면 매장의 존재 의미가 없다. 매장은 매출 증대하는 목표를 위해 전략적으로 구성해야 한다.

소매 영업에서 매장 연출(VM, Visual Merchandising)은 고객의 구매를 유도하고 매장 경험을 향상하기 위해 제품을 전략적으로 배치하는 것이다. 이는 고객이 매장을 방문했을 때 시각적, 공간적 경험을 통해 제품에 대한 긍정적인 인상을 받을 수 있도록 하는 중요한 요소이다.

매장 연출의 정의 및 구성요소, 중요성, 핵심 원칙

① 매장 연출의 정의

매장 연출은 상품이나 서비스를 고객에게 판매하기 위해 매장 내부 및 외부를 디자인하고 꾸미는 것을 말한다. 매장 연출은 고객들의 주의를 끌고 그들에게 좋은 쇼핑 경험을 제공하기 위해 시각적 요소, 상품 배치, 실내장식, 조명, 음악, 향기 등을 조화롭게 조합하여 설계 구성하는 것이다. 이는 고객이 제품을 찾고, 선택하고, 구매하는 과정을 유도하며, 브랜드의 이미지와 가치를 전달하는 데 중요한 역할을 한다. 따라서 매장 연출은 소매업체가 경쟁력을 확보하고 매출을 증대시키는 데 핵심적인 전략 요소가 된다.

매장 특성을 반영한 각각의 스토리가 있는 매장 연출을 하여 고객 스스로 체험하게 하고, 구매가 증대될 수 있는 매장 환경을 구축해야 차별화를 할 수 있다.

② 매장 연출의 구성요소

첫째, 쇼윈도우 디스플레이(Window Display)이다. 매장 쇼윈도우에 제품을 전시하여 지나가는 사람들의 관심을 끌고 매장 안으로 고객을 유도한다. 창의적이고 매력적인 디스플레이는 고객의 호기심을 자극한다.

둘째, 상품 진열(Product Display)이다. 매장 내부의 진열로, 제품을 고객의 눈에 띄게 배치한다. 이는 테이블, 선반 등을 활용하여 상품을 주제별, 색상별, 용도별로 분류하고 배치하는 것을 포함한다.

셋째, 조명(Lighting)이다. 적절한 조명은 제품의 색상과 디테일을 강조하고, 매장 분위기를 조성한다. 따뜻한 조명은 편안한 분위기를, 밝은 조명은 활기찬 분위기를 만든다.

넷째, 색상(Color)이다. 색상은 감정과 분위기에 큰 영향을 미치며, 고객의 시선을 끌기 위해 사용된다. 브랜드의 색상 테마를 반영하고, 제품과 조화롭게 배치하여 시각적 통일성을 유지한다.

다섯째, 동선 설계(Store Layout)이다. 매장 내 동선을 설계하여 고객이 자연스럽게 매장을 돌아다니며 다양한 제품을 접할 수 있도록 한다. 주요 제품은 고객이 쉽게 접근할 수 있는 위치에 배치하고, 추가 판매를 유도하는 제품은 동선의 끝이나 계산대 근처에 배치한다.

여섯째, 테마와 시즌(Theme and Seasonality)이다. 특정 테마나 시즌에 맞춰 매장 연출을 변경한다. 예를 들어, 크리스마스 시즌에는 관련 장식과 제품을 배치하여 축제 분위기를 조성한다.

일곱째, 시각적 소통(Visual Communication)이다. 매장 내 사인이지(Signage)와 그래픽을 활용하여 제품 정보, 가격, 프로모션 등을 명확히 전달한다. 이는 고객이 제품을 이해하고 선택하는 데 도움을 준다.

③ 매장 연출의 중요성

첫째, 브랜드 이미지를 강화해 준다. 일관된 매장 연출은 브랜드의 아이덴티티를 강화하고 고객에게 긍정적인 인상을 남기고, 브랜드 이미지를 향상해 자사 제품 구매로 이어진다.

둘째, 고객의 쇼핑 경험을 도와준다. 잘 설계된 매장은 고객이 제품을 쉽게 찾고, 비교하고, 구매하도록 도와준다.

셋째, 판매를 증대시킨다. 매장 연출은 고객의 구매 욕구를 자극하고, 충동구매를 유도하여 매출을 증대시킨다.

넷째, 경쟁력을 확보하는 데 도움이 된다. 독창적이고 매력적인 매장 연출은 경쟁 매장과 차별화되며, 고객의 재방문을 유도한다.

매장 연출은 단순히 상품을 진열하는 것을 넘어서, 고객과의 상호작용을 최적화하고 브랜드의 스토리를 전달하는 중요한 마케팅 전략이다. 이를 통해 고객에게 즐거운 쇼핑 경험을 제공하고, 매출을 극대화할 수 있다.

④ VI 가이드 핵심 원칙

VI(visual Identity)는 시각적 정체성을 의미한다. 기업이나 브랜드가 자체적으로 가지고 있는 시각적인 요소들의 집합을 말하며, 이는 로고, 색상, 폰트, 이미지 스타일, 그래픽 요소 등과 같은 시각적인 요소들을 포함한다.

VI는 해당 기업이나 브랜드를 식별하고, 구별되도록 하는 중요한 요소로, 고객들에게 브랜드의 존재와 메시지를 전달한다. 이는 마케팅 활동, 광고, 제품 디자인, 매장 연출 등 다양한 분야에서 활용된다. VI 핵심 원칙을 자세히 살펴보면,

첫째, 일관성(Consistency)이 있어야 한다. 로고, 색상, 폰트 등 브랜드의 시각적 요소를 일관되게 사용하여 매장 전체에서 통일

된 브랜드 이미지를 유지해야 한다.

둘째, 제품 진열의 통일성이 있어야 한다. 제품 배치와 디스플레이 방식이 일관되게 유지되어야 한다. 이는 고객이 매장을 방문할 때마다 익숙한 환경을 느끼게 하고 신뢰감을 준다.

셋째, 가시성(Visibility)이 있어야 한다. 주요 제품이나 프로모션 제품은 고객의 눈에 잘 띄는 위치에 배치한다. 이는 고객이 매장에 들어서자마자 주목할 수 있도록 시각적 효과를 높여준다. 또한 적절한 조명을 활용하여 제품의 가시성을 높이고, 매장 내 분위기를 조성한다.

넷째, 접근성(Accessibility)이 좋아야 한다. 고객이 매장을 쉽게 돌아다니며 원하는 제품을 찾을 수 있도록 동선을 설계한다. 매장 내 안내사인 등을 활용해 고객이 혼동 없이 쇼핑할 수 있도록 도와준다.

또한 제품의 높이와 배치 위치를 고객의 편의를 고려하여 설정한다. 자주 찾는 제품은 고객의 눈높이에, 무거운 제품은 아래쪽에 배치한다.

다섯째, 시각적 매력도(Attractiveness)가 있어야 한다. 창의적이고 매력적인 디스플레이를 통해 고객의 시선을 끌고 흥미를 유발한다. 계절별, 테마별로 매장을 꾸며 다양한 연출을 시도한다. 디스플레이와 연출을 통해 브랜드의 스토리를 전달하여 고객과 감성적 연결을 만든다.

여섯째, 기능성(Functionality)을 고려해야 한다. 매장의 공간을 효율적으로 활용하여 최대한 많은 제품을 진열하되, 고객이 답답함을 느끼지 않도록 해야 한다. 또한 제품 진열이 재고 관리와 연계되어 쉽게 정리되고 보충될 수 있도록 하여 재고 관리의 효율성을 높인다.

일곱째, 고객 중심(Customer-Centric)의 연출이 되어야 한다. 고객의 편안한 쇼핑 경험을 최우선으로 고려한다. 고객의 피드백을 반영하여 꾸준히 매장 연출을 개선한다.

매장에서 고객의 동선을 분석하여, 그들의 쇼핑 패턴에 맞춘 동선과 디스플레이를 설계한다.

여덟째, 혁신과 유연성(Innovation and Flexibility) 최신 트렌드와 기술을 반영하여 매장을 항상 신선하고 현대적으로 유지한다. 시장 변화와 고객의 요구에 따라 유연하게 매장 연출을 변경할 수 있어야 한다.

이러한 VI 가이드의 핵심 원칙들을 잘 활용하면 매장을 시각적이며 매력적이고, 기능적으로 효율적인 매장을 만들 수 있다. 이는 궁극적으로 고객의 만족도를 높이고 매출을 증대시키는 데 기여할 것이다.

⑤ 매장 연출은 매장 특성을 반영한다.

상권 및 매장 특성을 반영한 연출을 한다. 상권 특성상 도심형, 외곽형, 대도시, 중소도시, 번화가, 대학가, 소득 수준에 따른 특성, 연령 구조에 따른 상권, 등을 반영한 연출을 해야 한다.

대형, 중소형 매장, 필로티 매장 등 매장 특성을 고려하여 진열을 배치한다. 주요 진열대에 프리미엄 모델을 주력으로 하거나 중,저가 모델 부각 연출하는 등의 선택을 해야 한다.

⑥ 스토리가 있는 진열, 연출을 한다.

UP-Selling(고가제품으로 상향판매) 중심의 진열, 유관 제품과 연계한 진열을 한다.

제품의 용도 및 활용성을 제안하고 산뜻하고 살아있는 연출을 한다. 스토리가 있는 진열, 연출 사례는 '5. 다양한 진열과 연출 기법'에서 다시 살펴보자.

매장 유형별 연출 방법

①대형 매장

대형 매장의 특징으로는 넓은 면적이 있고, 다양한 상품 카테고리를 진열할 수 있으며 높은 고객 유동량이 있는 매장이다. 대형 매장의 연출 전략은 다음과 같다.

첫째, 명확한 구역을 설정한다. 카테고리별로 명확한 구역을 설정하여 고객이 쉽게 원하는 제품을 찾을 수 있도록 한다. 큰 간판과 시각적인 안내물을 사용하여 구역을 명확히 구분한다.

둘째, 광범위한 면적에 제품을 진열한다. 주요 통로와 입구 근처에는 베스트셀러나 프로모션 제품을 진열하여 고객의 시선을 끈다.

셋째, 경로를 최적화한다. 매장 내부의 동선을 최적화하여 고객이 자연스럽게 매장을 둘러보며 다양한 제품을 접할 수 있도록 한다. 주요 제품을 강조할 수 있는 진열 공간을 만든다.

②소형 매장

소형 매장의 특징은 면적이 제한되어 있고 특화된 상품군만 운영할 수 있는 매장이다. 연출 전략으로는 다음과 같다.

첫째, 테마 중심 연출을 한다. 특정 테마나 스타일을 중심으로 매장을 꾸미며 브랜드 아이덴티티를 강화한다. 예를 들어, 계절별 또는 특정 이벤트에 맞춘 테마를 적용한다.

둘째, 주요 제품을 집중적 진열을 한다. 제한된 공간을 효과적으로 활용하여 몇 가지 주요 제품에 집중한다. 상품을 예술적으로 배치하고, 조명을 사용하여 제품의 특징을 강조한다.

셋째, 개인화된 경험을 강조한 진열을 한다. 고객과의 상호작용을 중시하여 개인화된 쇼핑 경험을 제공한다. 고객 맞춤형 제품 추천과 디스플레이를 통해 친밀감을 형성하여 작은 매장의 한계를 극복하도록 한다.

③ 팝업 매장 (Pop-up Stores)

팝업 매장의 특징은 단기 운영 매장이다. 특정 이벤트 또는 시즌에 맞춰 일시적으로 운영하는 매장이며, 강력한 프로모션이 필요한 매장이다. 연출 전략으로는 다음과 같다.

첫째, 임팩트 있는 첫인상을 주어야 한다. 매장의 외관과 입구를 눈에 띄게 꾸며 지나가는 사람들이 주목할 수 있도록 해야 한다. 독특하고 창의적인 디스플레이를 활용한다.

둘째, 즉각적인 참여 유도한다. 한정된 시간 동안 운영되므로 빠른 구매 결정을 유도할 수 있도록 제품을 배치한다. 프로모션과 할인 이벤트를 강조하여 충동구매와 빠른 구매를 유도해야 한다.

셋째, 소셜 미디어 연계한다. 소셜 미디어와 연계된 디스플레이를 통해 온라인과 오프라인의 통합 경험을 제공한다. 사진 찍기 좋은 장소를 마련하여 젊은 소비자들의 인스타그램 등에서 바이럴 마케팅(입소문/구전 마케팅)을 유도한다.

④ 백화점 내 매장

백화점이나 대형 쇼핑몰의 특징은 다른 브랜드와의 공동 공간에 제품을 진열하고 다양한 고객층을 대상으로 영업하는 것이다. 연출 전략으로는 다음과 같다.

첫째, 브랜드 차별화를 하는 것이다. 주변의 다른 브랜드와 차별화될 수 있도록 독특한 브랜드 아이덴티티를 반영한 디스플레이를 한다. 브랜드 고유의 색상과 스타일을 강조하여 경쟁 브랜드나 타제품 대비 시각적 효과를 높인다.

둘째, 고급스러운 디스플레이를 한다. 고급스러운 소재와 디스플레이 장비를 사용하여 프리미엄 이미지를 전달한다. 유리 진열장, 고급 조명 등을 활용하면 좋다.

셋째, 협업과 이벤트를 실시한다. 백화점 내의 다른 브랜드와 협업하여 특별 이벤트나 프로모션을 진행한다. 이는 교차 판매 기회를 높이고 고객 유입을 증가시킨다.

⑤ 온라인과 오프라인 통합매장 (Omni-Channel Stores)

온-오프 통합매장의 특징은 온라인과 오프라인의 통합 디지털 경험을 강조한 매장이다. 연출 전략은 다음과 같다.

첫째, 디지털 스크린과 쌍방향 디스플레이를 사용하여 제품 정보를 제공하고 고객 참여를 유도한다. AR/VR 기술을 활용하여 가상 체험을 제공한다.

둘째, 온라인에서 주문한 제품을 매장에서 쉽게 픽업할 수 있는 전용 구역을 마련한다. 이는 고객의 쇼핑 편리성과 효율성을 강조해 준다.

셋째, 일관된 브랜딩을 제공한다. 온라인과 오프라인에서 같은 브랜드 경험을 제공하기 위해 일관된 브랜딩 요소를 사용한다. 예를 들어, 매장 내에서도 웹사이트의 디자인과 같은 테마를 유지한다.

이와 같은 매장 유형별 연출 전략을 통해 각 매장의 특성에 맞는 최적의 쇼핑 경험을 제공할 수 있다. 이를 통해 고객 만족도를 높이고, 궁극적으로 매출 증대에 기여할 수 있다.

매장 환경 및 타입별 연출 방법

환경별, 매장 타입별로 차별화된 가이드를 제공하여 최적화된 매장 연출을 확립한다.

1) 매장 환경별 분석

① 상권 특성에 따라 연출 방법이 다르다.

광역시. 대도시, 중소도시별로 구분하여 연출이 달라야 하며, 도심, 외곽, 군 단위에 따른 구분 연출이 되어야 한다. 또한 번화가, 대학가, 주거지에 따른 구분을 해야 한다.

인구수 및 소득 수준별로 구분하여 진열, 연출이 달라야 한다.

위의 구분에 따라 프리미엄 매장, 일반 매장으로 타겟을 설정할지, 젊은 고객, 싱글 고객, 시니어 고객, 혼수 고객에 따른 주 타겟을 설정할지를 선택해야 한다.

②판매 효율 분석에 따라 연출이 다르다.

• 신제품, 프리미엄 제품의 판매 비중을 분석하고 진열 비중을 조절한다.

• 해당 점의 판매 효율이 높은 품목과 모델을 도출하여 그에 따른 진열 비중을 조절한다.

③입점 형태별로 연출이 다르다.

• 입지 조건의 장, 단점을 파악하여 전략적인 레이아웃을 설정한다.

• 단층, 복층, 필로티 등 매장 형태별로 차별화된 연출을 한다.

• 도보 및 차량 이동 등 고객의 유입 동선을 파악하여 레이아웃 및 출입구를 정하고 쇼 윈도우 연출, 현수막 부착 위치를 선정한다.

• 유동 인구가 적은 골목 안쪽의 로드샵은 입구를 개방적으로 만들어 고객이 쉽게 들어올 수 있도록 하고, 고객의 시선을 끌 수 있는 현수막이나 배너 등으로 유도한다.

2) 매장 타입별 분석

① 프리미엄 매장

상권의 대표 매장으로서 신모델, 고가 위주의 프리미엄 모델 위주 진열이나 연출로 당사의 이미지 UP 및 경쟁사와의 차별화된 분위기 연출로 판매 증대를 꾀한다.

② 준프리미엄 매장

도심형 매장은 준프리미엄 매장으로 연출한다.

③ 일반 매장

교외형 매장 등은 일반 매장으로 연출한다.

④ 타겟 고객별 연출

우리 매장을 방문하는 주 고객층은 주로 어떤 사람인가?

 • 연령층에 따른 진열 연출을 한다. 노년층, 장년층, 청년층에 맞는 연출을 한다.

 • 직종에 따른 연출을 한다. 회사원, 주부에게 맞는 연출을 한다.

 • 방문 시 주로 이용하는 교통수단이 뭔지를 파악하고 그에

맞는 연출을 한다. 주 고객층이 대중교통을 이용하는지, 자가용으로 이동하는지, 걸어서 방문하는지에 따른 연출 기법을 달리한다.

• 방문이 많은 시간대와 요일은 어떤가를 분석하고 연출한다. 주로 주말, 주중, 오전, 오후, 저녁 시간대를 파악한 후 연출한다.

• 쇼핑 패턴에 따른 연출을 한다.

고객은 다양한 욕구 충족을 위해 매장을 찾고 쇼핑을 즐긴다. 구매 욕구는 크게 4가지 패턴으로 구분할 수 있는데,

첫째, 필요한 상품을 빨리 구매하고 싶은 욕구.

갖고 싶은 상품이 이미 정해져 있어 오랜 시간을 지체하지 않고 바로 구매하고 싶은 경우이다. 이때는 상품을 바로 보고 알 수 있게 진열하되, 단품을 대량 진열하기보다 다양한 상품을 소량 진열한다. 가격표와 POP은 눈에 띄도록 부착한다.

둘째, 갖고 싶은 상품을 천천히 고르고 싶은 욕구.

다양한 상품 중에서 직원의 조언을 들으며 구매하고 싶은 경우이다. 상품의 최상 포인트와 고객이 원하는 정보를 간단명료하게

표현한다.

셋째, 보물찾기하듯 괜찮은 상품을 찾고 싶은 욕구.

딱히 필요한 물건은 없지만 매장을 둘러보면서 괜찮은 상품이 있으면 구매하고자 하는 경우이다. 충동구매를 유발할 수 있는 다양한 상품을 갖추고, 관련 상품을 하나의 섹션으로 묶어 진열하는 것이 좋다.

넷째, 조용한 매장에서 질 좋은 상품을 찾고 싶은 욕구.

상품을 꼼꼼히 따져보고 살피면서 좋은 상품을 샀다는 만족감을 얻고 싶은 경우이다. 고급스러운 이미지를 연출하고 엄선된 프리미엄 제품과 가성비 좋은 상품을 준비한다.

매장 연출 구성요소와 연출 방법

소비자가 제품을 구매하기 위한 행동 과정을 구분해 보면 그에 따른 대응 핵심 요소를 도출할 수 있다.

첫째, 고객 유입 단계이다.

고객이 매장에 입장하여 본인이 원하는 제품 진열대로 이동하는 단계이다.

- 시각적 요소를 강조하여 고객의 관심을 유도한다.
- 쇼윈도우를 개방시켜 고객의 방문 욕구를 자극한다.

둘째, 고객 탐색 단계이다.

여러 제품 군중 고객이 원하는 제품을 선택, 탐색하는 단계이다. 고객 의사 결정 과정(문제 인식, 정보 탐색, 대안 평가, 구매, 구매 후 평가) 에 따른 진열을 연출한다.

예를 들면 가전제품이나 고가제품의 경우 상세 스펙과 비교 정보가 필요하지만, 저가의 생활용품 경우는 시각적 요소와 구매 편의성에 초점을 맞춘 진열이 효과적이다.

셋째, 고객 집중 단계이다. 고객이 선택한 제품을 집중하여 관찰하는 단계이다.

• 고객의 이동에 불편할 장애물을 최소화하고 시선을 방해 하는 시설물은 제거한다.

• 편리한 이동 동선으로 즐거운 쇼핑이 되도록 한다.

넷째, 고객 체험 단계이다.

고객이 선택한 제품을 체험하는 단계이다.

• 고객이 만지고 쉽게 작동해 볼 수 있는 환경을 제공하여 즐거운 쇼핑이 되도록 한다.

다섯째, 고객 평가 단계이다.

탐색, 체험 후 판매사원과 상담하는 단계이다.

• 최신 유행에 맞는 세련된 매장 연출을 한다.

여섯째, 고객 구매 단계이다.

탐색, 상담한 제품을 구매하거나 다른 제품을 탐색하러 이동 또는 구매 결정을 연기하는 단계이다.

- 상담 만족도를 극대화해 구매로 연결되게 한다.

그러면 어떤 상품을 제안할 것인가?

고객이 상품을 보고 '아, 이런 상품이구나!' 하고 바로 알 수 있어야 한다. 상품이 복잡하게 진열된 매장은 뒤죽박죽 정신이 없어 도대체 뭘 파는 매장인지 몰라 고객의 구매 욕구를 떨어뜨린다. 고객에게 어떤 상품을, 어떻게 판매할 것인지를 정리해야 한다.

① 매장 연출 구성요소는 무엇인가?

- 언제 연출하는가? 상품 진열의 타이밍이다. 계절과 시간에 따른 연출의 기법이 달라야 한다.
- 어디에 연출하는가? 진열 장소가 매장 앞, 매장 입구, 내부, 쇼윈도우에 따른 연출을 한다.
- 누구를 타겟으로 하는가? 주요 타겟 고객은 누구인가?
- 무엇을 팔 것인가? 상품의 내용, 특성에 따른 연출
- 왜 연출을 달리하나? 상품의 장점과 매력에 따라 연출한다.

- 얼마나 진열하나? 상품의 수량과 재고에 따른 연출
- 어떻게 연출하나? 상품의 진열 방법이 달라야 한다.
- 고객이 매장으로 들어가고 싶도록 점포 앞 및 쇼윈도우는 개방 연출을 한다.
- 편안하게 접근할 수 있는 동선과 레이아웃을 구성한다.
- 사고 싶게 만드는 스토리가 있는 진열/연출을 한다.
- 이슈/ 판촉 행사 분위기를 조성하는 이미지 연출을 한다.

② 매장 외부 운영 기준은 무엇인가?

- 쇼윈도우

쇼윈도우는 매장 앞에 위치하여 고객의 시선을 끌고 매장으로 고객을 유입시키는 역할을 한다. 쇼윈도우 연출 방법은 어떻게 하는 게 좋은가?

첫째, 주목도 높은 디스플레이를 한다. 창의적이고 눈에 띄는 디스플레이를 통해 지나가는 고객의 시선을 끌 수 있도록 한다. 계절별, 행사별 테마를 반영하여 고객의 관심을 유도한다.

둘째, 조명을 사용한다. 쇼윈도우의 조명은 제품을 강조하고 인테리어의 효과로 고객의 관심을 끌 수 있다. 야간에는 매장의 존재감을 더욱 높일 수 있다.

셋째, 깨끗하고 정돈된 외관을 연출한다. 매장 외관은 항상 깨끗하고 정돈된 상태를 유지하여 좋은 첫인상을 줘야 한다.

- 간판과 로고

브랜드의 정체성을 나타내고 매장을 쉽게 인식하게 한다.

- 매장 앞 진열

과도하지 않은 깔끔한 매장 앞 연출로 행사 텐트와 카펫을 활
용하여 연출한다. 매장 앞 연출은 계절성/이슈 제품, 사은품 등과
같이 고객의 관심을 유도할 수 있게 연출한다. 매장 앞 행사 텐트
는 매장 간판을 가리지 않도록 설치한다.

- 주차장

주차장 기둥 및 매장 연결 출입구에 현수막을 부착할 수 있다.

③ 매장 레이아웃 형태는 어떻게 할 것인가?

먼저 레이아웃의 동선은 중심 동선과 보조 동선이 있다. 중심
동선은 고객이 매장을 돌아다니며 다양한 제품을 볼 수 있는 주
요 경로이며, 보조 동선은 중심 동선과 연결된 서브 경로로, 추가
제품을 볼 수 있게 하는 동선이다.

소매 영업 매장의 레이아웃은 고객의 쇼핑 경험을 최적화하고
매출을 증대시키기 위해 매우 중요하다. 매장 레이아웃은 매장의
목적과 건물의 구조에 따라 여러 가지 형태가 있으며, 각각의 형

태는 특정한 장점과 용도로 쓰이고 있다. 다음은 주요 매장 레이아웃 형태와 그 특징을 설명한다.

• 그리드 레이아웃 (Grid Layout) (격자형)

직사각형 형태로 통로가 직선 경로로 이루어진 레이아웃으로, 매장은 선반과 통로로 나누어진다.

많은 제품을 효율적으로 배치할 수 있는 형태로 고객이 쉽게 제품을 탐색할 수 있게 한다. 이 형태의 장점으로는 첫째, 정돈된 느낌이며 고객이 원하는 제품을 쉽게 찾을 수 있어 쇼핑이 쉽다. 둘째, 제품 배치와 재고 관리가 쉽다.

　대량 진열이 가능하여 많은 제품을 배치할 수 있어 대형 매장에 적합하다.

　주로 슈퍼마켓, 약국, 대형 할인점 등에서 활용되는 형태이다.

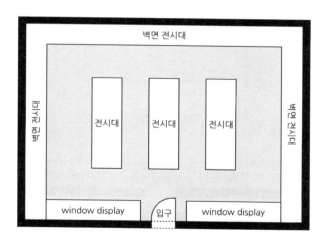

• 루프 레이아웃 (Loop Layout, Racetrack Layout) (경주로형)

점포 입구부터 매장을 한 방향으로 순환하는 경로로 설계하여 모든 제품을 자연스럽게 볼 수 있게 한다. 고객이 여러 제품을 둘러볼 수 있도록 통로 중심으로 제품을 진열하는 형태이다. 또한 주요 지점에 집중된 포인트를 만들어 상품이나 프로모션을 배치하여 고객의 주의를 끌 수 있다.

이 진열의 장점으로는 자유로운 쇼핑과 충동구매를 유도할 수 있고 고객이 매장을 빠짐없이 둘러볼 수 있어 구매 가능성이 커진다. 주로 대형 백화점, 가구 판매장 등에 활용된다.

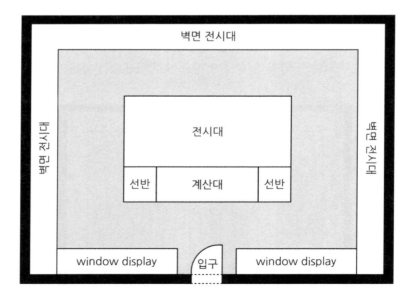

• 프리플로우 레이아웃 (Free-Flow Layout) (자유로형)

자유로운 이동 경로 레이아웃으로서 고객이 자유롭게 이동할 수 있도록 설계된 비정형 레이아웃이다. 장점으로는 고객이 자유롭게 탐색하며 즐거운 쇼핑 경험을 할 수 있고 넓고 쾌적한 환경으로 긴 쇼핑 시간을 유도할 수 있는 레이아웃이다. 독특하고 창의적인 디스플레이가 가능하여 매장을 신선하게 유지할 수 있다. 그러나 상품의 노출도는 높으나 공간 효율성은 낮은 편이다. 주로 작은 매장을 여러 개 운영하는 대형점포나 야외 매장에 적용된다. 소규모 전문 매장, 패션 매장 등에서도 활용된다.

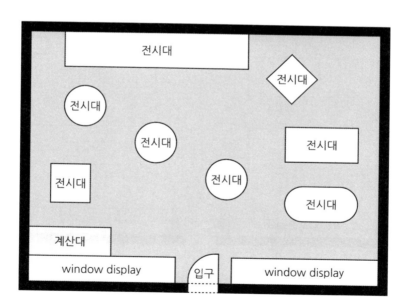

• 헤링본 레이아웃 (Herringbone Layout)

중앙 경로를 따라 양쪽으로 제품을 배치하는 형태이다.

좁은 공간을 활용하여 효율적으로 제품을 배치할 수 있고 좁은 매장에서 많은 제품을 진열할 수 있는 효율적인 방법이다. 중앙 경로를 통해 자연스럽게 모든 제품을 볼 수 있어 고객의 시선을 유도하기 쉽다. 주로 소형 서점, 작은 부티크 등에 활용된다.

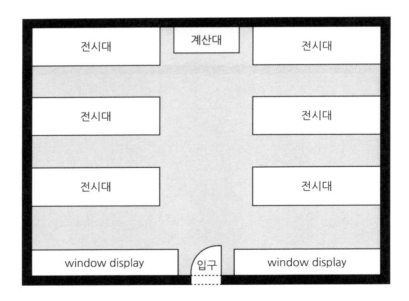

• 혼합 레이아웃 (Mixed Layout)

다양한 레이아웃 형태를 혼합하여 사용하는 형태이다. 매장의 특성과 제품에 맞춘 맞춤형 레이아웃을 설계하는 형태이며, 이형태의 장점으로는 매장의 다양한 요구에 맞춰 레이아웃을 조정할 수 있는 유연성이 있다. 다양한 레이아웃의 장점을 결합하여 최적의 공간 활용이 가능하다. 주로 대형 백화점, 종합 매장 등에 활용된다.

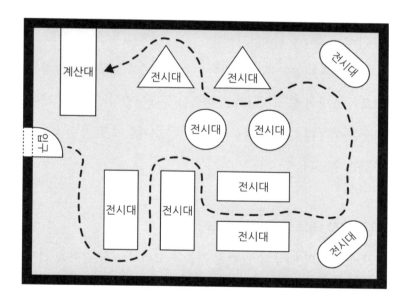

· 부티크 레이아웃 (Boutique Layout)

매장을 여러 개의 작은 구역으로 나누어 구역마다 테마를 부여하는 개별 섹션형 레이아웃이다. 각 섹션이 독립적으로 연출되어 특별한 쇼핑 경험을 제공하는 전문적인 디스플레이 형태이다. 이 형태의 장점은 각 섹션에 집중하여 고유한 제품과 브랜드 경험을 제공할 수 있어 고객을 집중시키기 좋다. 다양한 테마와 스타일을 반영할 수 있어 고객의 관심을 끌고 차별화된 공간을 만든다. 주로 고급 패션 매장, 화장품 판매장 등에서 활용된다.

이와 같은 다양한 매장 레이아웃을 활용하여 소매 영업 매장은 고객의 쇼핑 경험을 향상하고, 매출을 증대시킬 수 있다. 각 레이아웃은 매장의 특성, 제품군, 고객의 행동 패턴에 맞춰 선택되고 조정될 수 있다.

④ 매장 내부 연출 기준은 무엇인가?

소매 영업의 매장 내부 연출 기준은 고객의 쇼핑 경험을 최적화하고, 매출을 증대시키기 위해 정교하게 설계된 원칙과 방법을 따른다. 매장 내부 연출 기준은 다음과 같은 주요 요소들로 구성된다.

• 고객 중심으로 연출해야 한다.

첫째, 고객이 쉽게 매장을 탐색할 수 있도록 편안한 동선을 설계해야 한다.

둘째, 고객이 제품에 쉽게 접근할 수 있도록 접근성이 좋도록 배치하고, 매장 내에서 혼잡함을 피해야 한다.

셋째, 고객이 휴식을 취할 수 있는 공간을 마련하여 편안한 쇼핑 경험을 제공해야 한다.

• 제품 배치와 디스플레이 부분은 어떻게 해야 하나?

첫째, 관련 제품을 그룹화하여 고객이 쉽게 찾을 수 있도록 제품을 군집화한다.

둘째, 제품을 시각적으로 흥미롭게 배치하여 고객의 관심을 끌 수 있도록 시각적 군집화를 한다. 예를 들어, 큰 제품에서 작은 제품으로의 자연스러운 계층을 만든다.

셋째, 주요 제품이나 프로모션 상품을 눈에 잘 띄는 위치에 배치하는 포인트 디스플레이를 한다.

• 조명과 색상은 어떻게 해야 하나?

첫째, 각 제품에 맞는 적절한 조명을 사용하여 제품의 특성을 강조하고, 전체적인 매장 분위기를 조성해야 한다.

둘째, 매장 전체와 제품 디스플레이에 일관된 색상 팔레트를 사용하여 시각적 일관성을 유지하는 색상의 조화가 이루어져야 한다.

• 브랜드 아이덴티티와 일관성이 있어야 한다.

첫째, 매장 디자인과 디스플레이가 브랜드의 아이덴티티와 일치하도록 한다.

둘째, 일관된 테마, 계절별, 이벤트별로 매장을 꾸밀 때에도 브랜드의 일관성을 유지하는 일관된 테마가 있어야 한다.

• 고객과의 상호작용 요소는 어떤가?

첫째, 제품 정보와 프로모션을 제공하는 디지털 스크린을 사용하여 고객과의 상호작용을 촉진한다.

둘째, 고객이 제품을 직접 사용해 보고 체험할 수 있는 공간을 마련한다.

• 청결과 정돈으로 좋은 인상을 준다.

첫째, 매장은 항상 깨끗하고 정돈된 상태를 유지하여 고객에게 좋은 인상을 줘야 한다.

둘째, 제품 진열과 디스플레이는 항상 정돈된 상태를 유지한다.

• 동선 설계는 어떻게 하는가?

첫째, 고객이 자연스럽게 매장 내 모든 구역을 돌아볼 수 있도록 효율적인 동선을 설계한다.

둘째, 고객의 주요 동선에 인기 제품이나 프로모션 상품을 배치하여 구매를 유도하는 핫 스팟을 만든다.

• 사운드와 향기 마케팅을 한다.

첫째, 매장 분위기와 맞는 배경 음악을 재생하여 고객의 쇼핑 경험이 즐겁도록 분위기를 향상한다.

둘째, 브랜드 이미지와 어울리는 향기를 사용하여 고객의 감각을 자극한다.

• 안내 문구와 사인은 어떻게 하는가?

첫째, 제품 위치와 매장 정보를 쉽게 알 수 있도록 명확하고 선명한 사인을 설치한다.

둘째, 매장 곳곳에 안내판을 배치하여 고객이 쉽게 길을 찾을 수 있도록 돕는다.

· 지속적인 업데이트와 혁신을 한다.

첫째, 최신 트렌드와 고객 피드백을 반영하여 매장 연출을 지속해서 업데이트한다.

둘째, 새로운 기술과 창의적인 아이디어를 도입하여 매장의 신선함을 유지하는 혁신적인 연출을 한다.

이러한 기준을 바탕으로 매장 내부를 연출하면 고객에게 일관되고 만족스러운 쇼핑 경험을 제공할 수 있으며, 이는 궁극적으로 매출 증대로 이어질 수 있다.

다양한 진열과 연출 기법

① 오감 자극 연출 기법

매장 연출 기법 중 오감을 자극하는 기법은 고객의 감각을 총체적으로 자극하여 더 깊고 기억에 남는 쇼핑 경험을 제공하는 데 중요한 역할을 한다. 다음은 시각, 청각, 후각, 미각, 촉각의 다섯 가지 감각을 활용한 연출 기법에 대한 방법이다.

• 시각 (Visual)

첫째, 조명 이용.

제품과 매장 분위기를 강조하기 위해 조명을 효과적으로 사용한다. 주 조명, 보조 조명, 포인트 조명을 적절히 조합하여 다양한 분위기를 연출할 수 있다. 예를 들어 고급스러운 느낌을 주기 위해 따뜻한 조명을 사용하거나, 신선한 제품을 강조하기 위해 밝고 차가운 조명을 사용한다.

둘째, 색상 활용.

매장의 색상 팔레트를 브랜드 이미지와 일치시키고, 고객의 심리에 긍정적인 영향을 미치는 색상을 사용한다.

예를 들어 식품 판매장에서는 신선함을 나타내는 녹색과 주황색을 사용하고, 패션 매장에서는 트렌디한 색상으로 시즌 테마를 반영한다.

셋째, 디스플레이 기법.

제품을 시각적, 매력적으로 배치하여 고객의 시선을 끌고 구매 욕구를 자극한다. 시각적 계층화, 테마별 진열, 창의적인 디스플레이 기법을 활용하여 시각적 효과를 노린다. 예를 들면 계절상품이나 프로모션 상품을 매장 앞이나 주요 동선에 배치하여 강조하는 것이다.

· 청각 (Auditory)

첫째, 배경 음악을 이용한다.

매장의 분위기와 브랜드 이미지에 맞는 배경 음악을 선택하여 고객의 감정에 긍정적인 영향을 준다. 음악의 템포와 장르는 매장 성격에 따라 달라질 수 있다. 예를 들면 카페에서는 잔잔하고 편안한 음악을 틀고, 패션 매장에서는 최신 유행 음악을 틀어준다.

둘째, 사운드 효과를 낸다.

특정 제품이나 프로모션을 강조하기 위해 사운드 효과를 사용한다. 예를 들면 특별 할인 시간에 맞춰 경쾌한 알림음을 사용하거나, 계절에 따라 자연의 소리(바람, 파도 소리 등)를 활용한다.

· 후각 (Olfactory)

첫째, 향기 마케팅이다.

매장 내부에 브랜드와 일치하는 향기를 사용하여 고객의 후각을 자극한다. 특정 향기는 고객의 기억에 오래 남아 재방문을 유도할 수 있다. 예를 들면 베이커리 매장에서는 빵 굽는 냄새를, 고급 의류 판매장에서는 은은한 향수를 사용한다.

　둘째, 테마 향기를 사용한다.

　계절별, 이벤트별로 테마에 맞는 향기를 사용하여 특별한 경험을 제공한다. 예시로는 크리스마스 시즌에는 계피와 향신료 향기를 사용하여 따뜻한 분위기를 연출한다.

　· 미각 (Gustatory)

　첫째, 샘플을 제공한다.

　식음료를 판매하는 매장에서 제품 샘플을 제공하여 고객이 직접 맛볼 수 있게 한다. 이는 특히 새로운 제품이나 프로모션 제품을 소개할 때 효과적이다. 예시로 슈퍼마켓에서 새로운 과일 음료를 샘플로 제공하거나, 카페에서 신제품 디저트를 시식하게 한다.

　둘째, 테스팅 이벤트를 실시한다.

　특별한 테스팅 이벤트를 열어 고객이 다양한 제품을 경험할 수 있도록 한다. 예시로 와인 판매장에서 와인 테스팅 행사를 개최하거나, 초콜릿 판매장에서 다양한 초콜릿을 시식할 수 있는 이벤트를 진행한다.

· 촉각 (Tactile)

첫째, 제품 체험 공간을 만든다.

고객이 제품을 직접 만지고 사용해 볼 수 있도록 체험 공간을 제공한다. 예시로 전자제품 판매장에서 기기를 직접 사용해 볼 수 있게 하거나 의류 판매장에서 다양한 옷감을 만져볼 수 있게 한다.

둘째, 촉감이 중요한 제품의 경우, 고객이 직접 만져볼 수 있도록 진열한다. 예시로, 가구 판매장에서 소파나 의자의 촉감을 느껴볼 수 있도록 편안한 체험 공간을 마련한다.

· 종합적인 연출을 한다.

위의 오감 자극 기법을 통합적으로 사용하여 고객에게 총체적이고 일관된 브랜드 경험을 제공한다. 예시로 고급 레스토랑의 경우, 은은한 조명과 음악, 독특한 향기, 맛있는 음식, 편안한 의자를 통해 오감을 모두 자극하여 고객이 잊지 못할 경험을 하게 한다. 이는 고객 만족도와 매출 증대로 이어질 수 있다.

다양한 연출 방법 중 오감을 자극한 연출 방법 외 연관 상품 진열 기법이 있다.

② 연관 상품 연계 진열한다.

연관 상품을 함께 진열하는 기법은 고객의 구매 욕구를 자극하고, 한 번의 방문으로 더 많은 제품을 구매하도록 유도하는 효과적인 방법이다. 이 기법은 연관성이 높은 제품들을 함께 배치하여 고객이 자연스럽게 추가 구매를 고려하게 만든다. 이러한 연출 기법과 그 사례들을 설명하면 다음과 같다.

• 크로스 머천다이징 (Cross Merchandising)

서로 다른 카테고리의 연관 상품을 함께 배치하여 고객이 자연스럽게 추가 구매를 고려하게 하는 방법이다. 이 방법은 고객이 제품을 사용할 상황을 연상하게 하여 관련 상품을 동시에 구매하도록 유도한다. 식료품점에서 파스타 진열대 옆에 토마토소스와 치즈를 함께 진열한다.

의류 판매장에서는 셔츠 진열대 옆에 관련 액세서리, 넥타이나 벨트를 함께 진열한다.

· 테마 디스플레이 (Thematic Display)

특정 주제나 테마에 맞춰 연관 상품을 한 곳에 배치하는 기법이다. 시즌별, 이벤트별로 고객의 관심을 끌고, 관련 상품을 함께 구매하도록 유도한다. 예를 들면 계절 테마로 여름에는 비치웨어, 수영복, 선크림, 선글라스 등을 함께 진열하고, 겨울에는 스웨터, 장갑, 핫초코 믹스를 함께 진열하는 방법이 있다.

휴일 테마로는 크리스마스 시즌에 크리스마스 장식품, 선물용 상품, 홀리데이 카드 등을 함께 진열하는 방법이다.

이벤트 테마로는 새로운 영화 개봉에 맞춘 영화 관련 상품이나 핼러윈 이벤트를 위한 복장과 장식품을 진열하는 방식이다. 라이프스타일 테마를 예로 들면 운동복, 운동 기구, 건강 보조 식품 등을 함께 진열하는 방식이 있다.

· 완성형 디스플레이 (Solution Selling)

고객의 특정 문제나 필요를 해결하는 데 필요한 모든 제품을 한곳에 모아 배치하는 기법이다. 고객이 필요한 모든 제품을 한 번에 찾고 구매할 수 있도록 도와준다. 예를 들어 슈퍼마켓에서 밀가루, 설탕, 베이킹파우더 같은 기본 재료와 함께 베이킹 도구 (반죽기, 주걱, 계량컵) 및 장식용 토핑(초콜릿 칩, 스프링클)을 함께 진열하는 기법이다. 베이킹을 시작하려는 고객이 필요한 모든 재료와 도구를 한 곳에서 쉽게 구매할 수 있도록 유도한다.

전자제품 판매장에서는 노트북과 함께 모니터, 키보드, 마우스, 프린터, 데스크 램프 등을 함께 진열하여 홈 오피스를 꾸미려는 고객이 필요한 모든 제품을 한 번에 구매하도록 유도한다.

의류 판매장에서 특정 스타일의 셔츠와 함께 어울리는 바지, 신발, 액세서리(목걸이, 시계, 벨트)를 함께 배치하여 고객이 코디 아이디어를 얻고, 전체 코디를 한 번에 구매하도록 유도한다.

가구 판매장에서 소파, 커피 테이블, 러그, 쿠션, 조명 등을 하나의 거실 세트로 연출하여 고객이 거실 인테리어의 전체적인 느낌을 보고, 필요한 모든 가구와 장식을 함께 구매하도록 유도한다.

아웃도어 판매장에서는 텐트, 침낭, 캠핑 의자, 랜턴, 쿨러박스 등 캠핑에 필요한 모든 장비를 함께 진열하여 캠핑을 계획하는 고객이 필요한 모든 용품을 한 번에 구매할 수 있도록 도와준다.

· 연관 상품 진열의 장점은 무엇인가?

첫째, 구매의 편의성을 제공한다.

고객이 필요한 모든 제품을 한 곳에서 쉽게 찾을 수 있어 쇼핑의 편의성을 높인다.

둘째, 추가 구매를 유도한다.

고객이 원래 구매하려고 했던 제품 외에 추가 제품을 구매하도록 유도할 수 있다.

셋째, 고객 만족도를 증가시킨다.

고객이 원하는 제품을 쉽게 찾고, 잘 어울리는 제품을 추천받음으로써 쇼핑 경험이 향상된다.

넷째, 재고 회전율이 향상한다.

연관 상품을 함께 진열함으로써 특정 상품군의 재고 회전율을 높일 수 있다.

이러한 연출 기법을 효과적으로 활용하면 고객의 구매 경험을 개선하고, 매출 증대에 큰 도움이 될 수 있다.

지금까지 오감을 이용한 연출 방법과 연관 상품을 함께 진열하여 고객의 편의성을 높이면서 매출도 증대하는 방법을 살펴보았다. 다음은 고객을 매장 안쪽까지 유도하여 전체 상품을 고객에게 노출하는 방법을 살펴보자.

③고객을 매장 안쪽까지 유도하는 방법

고객을 매장 안쪽으로 유인하기 위한 기법은 고객의 동선을 자연스럽게 유도하여 매장의 깊숙한 곳까지 탐색하게 만드는 것을 목표로 한다. 이는 매장의 전체적인 노출을 높이고, 더 많은 상품을 판매할 기회를 만든다. 다음은 이러한 목적을 달성하기 위한 주요 기법들이다.

· 핫 스팟 배치 (Hot Spot Placement)

인기 있는 상품이나 할인 상품을 매장 입구가 아닌 중간이나 후미진 곳에 배치하여 고객이 이 상품을 찾기 위해 매장 안쪽으로 들어오게 유도한다. 신제품이나 독점 상품을 매장 깊숙한 곳에 배치하여 고객이 관심을 가지고 찾아오도록 한다. 예를 들면 슈퍼마켓에서 필수적인 식료품(예: 우유, 빵)을 매장 안쪽에 배치하여 고객이 매장을 지나면서 다른 상품도 보게 한다.

· 눈에 띄는 디스플레이 (Eye-Catching Displays)

화려하고 창의적인 디스플레이를 매장 안쪽에 배치하여 고객의 시선을 끌고 자연스럽게 발길을 옮기게 한다. 계절별 또는 이벤트별로 테마를 설정하여 흥미를 끄는 디스플레이를 설치한다. 예를 들면 의류 판매장에서 계절별 패션 테마를 매장 중간이나

안쪽에 설치하여 고객이 트렌드를 확인하여 안쪽으로 이동하게
한다.

· 조명과 색상 (Lighting and Color)

밝고 따뜻한 조명으로 매장 안쪽을 강조하여 고객의 시선을 유
도한다. 매장 안쪽으로 갈수록 눈에 띄는 색상을 사용하여 고객
의 흥미를 끌고 이동하게 한다.

가구 판매장 사례로 매장 입구에서 중립적인 색상을 사용하고,
안쪽으로 갈수록 밝고 눈에 띄는 색상으로 꾸며 고객이 자연스럽
게 안쪽으로 이동하게 한다.

· 동선 설계 (Pathway Design)

매장 레이아웃을 설계할 때, 자연스럽게 고객이 매장 안쪽으로
이동할 수 있는 경로를 만든다. 좁은 통로보다는 넓고 개방된 통
로를 사용한다. 매장 중앙에 주요 동선을 배치하여 고객이 매장
전체를 둘러보게 한다. 대형 할인점 사례로 입구에서 출구까지
이어지는 일방통행 경로를 설계하여 고객이 매장 전체를 둘러볼
수 있게 한다.

· 특별 구역 설정 (Special Zones)

매장 안쪽에 체험 공간이나 휴식 공간을 마련하여 고객이 머물며 제품을 체험할 수 있게 한다. 매장 안쪽에 이벤트 구역을 설정하여 특별 할인 행사나 제품 시연을 진행한다.

전자제품 판매장의 사례로 매장 안쪽에 VR 체험 공간이나 최신 기기 체험 공간을 설치하여 고객이 자연스럽게 이동하게 한다.

· 사인과 안내판 (Signage and Wayfinding)

고객이 쉽게 매장 안쪽으로 이동할 수 있도록 명확한 사인과 안내판을 설치한다. 주요 상품이나 특별 구역을 안내하는 표지판을 사용한다. "최신 상품", "할인 구역" 등의 안내 표지를 사용하여 고객을 유도한다. 서점의 사례로 매장 중간에 "베스트셀러 코너"를 설치하고, 입구에서 그 방향을 안내하는 표지판을 배치한다.

· 사운드와 향기 (Sound and Scent)

매장 안쪽에서 음악이나 흥미로운 사운드를 재생하여 고객의 호기심을 자극한다. 매장 안쪽에 향기를 퍼뜨려 고객이 그 향기를 따라 이동하게 한다. 베이커리 사례로 매장 안쪽에서 빵 굽는 냄새를 풍겨 고객이 자연스럽게 향기를 따라가게 한다.

• 고객 동선 분석 (Customer Flow Analysis)

고객의 이동 경로를 분석하여 동선이 집중되는 구역을 파악하고, 이를 기반으로 매장 레이아웃을 최적화한다. 가장 많이 팔리는 상품의 위치를 적절히 조정하여 고객이 매장 깊숙이 들어오도록 유도한다. 의류 판매장 사례로 데이터 분석을 통해 고객이 자주 방문하는 구역을 파악하고, 그 주변에 새로운 상품을 배치하여 더 깊이 들어오게 한다.

이와 같은 기법들을 활용하면 고객이 매장 깊숙한 곳까지 자연스럽게 이동하게 되어 매장의 전체적인 노출을 높이고, 구매 가능성을 극대화할 수 있다.

④ 스토리가 있는 진열, 연출 방법

• 시즌 테마 연출

크리스마스 시즌에 백화점이나 대형 매장들은 매장을 겨울 왕국처럼 꾸미고, 크리스마스트리, 눈사람, 산타클로스 등의 장식을 통해 마법 같은 겨울 이야기를 전달한다. 크리스마스 장식품과 선물 아이디어를 진열하며 따뜻한 연말 분위기를 연출한다.

• 라이프스타일 연출

IKE*는 다양한 방과 공간을 실제 생활 공간처럼 꾸며 제품을 진열한다. 예를 들어, 작은 아파트의 거실, 주방, 침실 등을 실제 사용 환경처럼 연출하여 소비자가 자신이 그 공간에서 살아가는 모습을 상상할 수 있게 한다. 이를 통해 고객에게 제품이 자신의 생활에 어떻게 어울릴지 쉽게 이해할 수 있도록 한다.

• 스토리텔링 디스플레이

여름 시즌에는 바다를 테마로 한 디스플레이를 구성하고, 해변에서의 하루를 연상시키는 소품들과 함께 옷과 액세서리를 배치한다. 이렇게 하여 고객이 매장에 들어왔을 때 휴가를 떠나는 듯한 기분을 느낄 수 있도록 한다.

• 역사와 전통을 활용한 연출

빈티지 스타일의 가구와 소품을 사용하여 브랜드의 유산과 전통을 강조하는 디스플레이를 만든다. 이를 통해 고객은 브랜드의 역사를 체험하고 그 가치를 느낄 수 있다.

• 특정 이벤트를 활용한 연출

Nik*는 올림픽이나 월드컵과 같은 대형 스포츠 이벤트 기간에 맞춰 관련 제품을 진열하고, 그와 관련된 스토리를 연출한다. 예를 들어, 유명 선수의 경기 장면을 재현하거나, 그 선수의 이야기를 통해 제품의 성능과 가치를 강조한다. 이는 스포츠 팬들의 관심을 끌고 구매를 유도한다.

이러한 스토리가 있는 연출은 고객에게 단순히 제품을 판매하는 것이 아니라, 브랜드와 제품에 대한 감정적 연결을 형성하여, 더 강력하게 구매를 유도한다.

다시 찾고 싶은 매장은 어떤 곳인가?

　　고객이 다시 찾고 싶은 판매장은 여러 가지 요소들이 결합하여 긍정적인 쇼핑 경험을 제공하는 매장이다. 이러한 요소들은 고객의 만족도와 충성도를 높이고, 반복 방문을 유도하는 데 중요한 역할을 한다. 다음은 고객이 다시 찾고 싶은 매장의 주요 특징들이다.

① 우수한 고객 서비스를 제공하는 매장

• 친절하고 도움이 되는 직원이 있다.

직원들이 친절하고, 고객의 질문에 적극적으로 답변하며, 고객의 니즈에 도움을 제공하는 매장이다.

• 맞춤형 서비스를 제공한다.

고객의 취향과 요구를 기억하고, 이에 맞춘 맞춤형 서비스를 제공하는 매장이다.

• 문제 해결 능력이 있다.

문제나 불만 사항을 신속하고 효과적으로 해결하는 능력을 갖춘 매장이다.

② 편안하고 즐거운 쇼핑 환경을 제공하는 매장

• 청결하고 잘 정돈된 매장은 고객에게 쾌적한 느낌을 준다.

• 고객이 쉽게 매장을 탐색하고 필요한 제품을 찾을 수 있도록 동선이 잘 설계된 매장이다.

• 시각적으로 매력적이고 브랜드 아이덴티티에 맞는 인테리어 디자인을 갖춘 매장이다.

③ 고품질 제품을 판매하는 매장

• 항상 고품질의 제품을 제공하여 고객이 믿고 구매할 수 있는 매장이다.

• 고객의 다양한 취향과 필요를 충족시킬 수 있는 폭넓은 상품 구성을 갖춘 매장이다.

• 최신 트렌드를 반영한 신제품을 꾸준히 제공하는 매장이다.

④ 합리적인 가격과 프로모션을 구사하는 매장

• 합리적이고 경쟁력 있는 가격을 제공하는 매장이다.

• 정기적으로 할인 및 프로모션을 실시하여 고객에게 경제적 혜택을 제공하는 매장이다.

• 충성고객을 위한 멤버십 프로그램을 통해 추가 혜택을 제공하는 매장이다.

⑤ 편리한 위치와 접근성이 좋은 매장

• 고객이 쉽게 접근할 수 있는 위치에 있는 매장이다.

• 충분한 주차 공간을 제공하여 고객의 접근성을 높이는 매장이다.

• 온라인 쇼핑과 매장 방문을 연계하여 편리한 쇼핑 경험을 제공하는 매장이다.

⑥ 독특하고 차별화된 경험을 제공하는 매장

- 다른 매장에서 찾기 힘든 독특하고 차별화된 경험을 제공하는 매장이다.
- 제품을 직접 체험할 수 있는 체험형 공간을 마련하여 고객의 흥미를 끄는 매장이다.
- 정기적으로 이벤트나 워크숍을 개최하여 고객의 참여를 유도하는 매장이다.

⑦ 고객 피드백을 반영하는 매장

- 고객의 의견과 피드백을 적극적으로 수렴하고 반영하는 매장이다.
- 고객의 피드백을 바탕으로 지속해서 개선하고 혁신하는 매장이다.

⑧ 디지털 편의성을 제공하는 매장

- 온라인으로 주문하고 매장에서 픽업할 수 있는 서비스를 제공하는 매장이다.
- 매장 내 디지털 안내 시스템을 통해 제품 정보를 쉽게 확인할 수 있는 매장이다.

- 빠르고 편리한 모바일 결제 시스템을 갖춘 매장이다.

이와 같은 요소들을 갖춘 매장은 고객에게 긍정적인 경험을 제공하여 다시 방문하고 싶은 매장이 될 수 있다.

Chapter 6

관리자의 역할

어떤 관리자가
우수한 관리자인가?

우수한 관리자는 해당 업무 분야에 대한 깊은 이해와 전문성을 갖추어야 한다. 제품, 서비스, 고객 요구사항 등에 대한 철저한 이해를 바탕으로 업무를 계획하고 실행함으로써 효율성을 극대화할 수 있어야 한다.

관리자는 팀의 리더로서 솔선수범해야 한다. 업무의 복잡성이나 어려움이 있을 때 직원들에게 모범이 되고, 문제 해결을 위한 적극적인 태도를 보여야 한다. 이는 직원들에게 긍정적인 영향을 미치며, 팀의 동기 부여와 효율성 향상에 이바지한다.

우수한 관리자는 직원들을 효과적으로 육성하고 지도해야 한다. 이는 직원들의 역량 향상과 성과 개선에 중요한 역할을 한다. 개별적인 피드백과 지도를 통해 직원의 잠재력을 최대한 발휘하도록 도와주고, 필요한 교육과 개발 기회를 제공해야 한다.

관리자는 팀원들 간의 협업과 의사소통을 원활하게 유지하는 것이 중요하다. 업무 목표를 명확히 설정하고 팀원들 간의 역할과 책임을 분명히 하여 협업을 촉진하며, 열린 의사소통 문화를 조성해야 한다.

관리자는 예기치 못한 문제에 대처하고, 시장 변화에 유연하게 대응할 수 있는 능력이 필요하다. 문제 해결 능력과 변화에 대한 적응력을 바탕으로 조직을 안정적으로 운영하고 발전시켜 나가야 한다.

이러한 역할들을 충실히 수행하는 우수한 관리자는 팀의 성과 향상과 함께 조직의 발전에 이바지할 수 있다. 위에서 언급한 내용을 자세히 살펴보자.

1. 업의 전문성을 갖추어야 한다.

우수한 관리자는 해당 업종에 대한 전문성을 갖추어야 한다. 이는 제품에 대한 지식과 트렌드, 고객들의 니즈를 이해하고 이에 맞는 상품을 선택하거나 개발하는 데 필요하다. 또한 업계의 최신 동향을 파악하고 경쟁사와의 비교를 통해 매장 경쟁력을 높여야 한다. 업의 전문성에 대한 세부적인 내용을 살펴보면,

① 매장 전략 수립 및 매장 운영

매장의 단기, 장기 전략을 수립하고 이를 달성하기 위한 제품/정책 운영력 및 활용력이 우수해야 한다.

② 매장 Operating 능력

• 매출 및 주요 지표의 달성 및 손익 관리, 정도 영업, 성희롱 방지 등 매장 관리력이 있어야 한다.

• 소매 업계의 특수성을 이해하고 매장 관리 경험이 필요하다.

• 예기치 못한 문제에 빠르게 대처하고 해결할 수 있는 문제 해결 능력과 고객 서비스 기술이 필요하다.

• 갖춰진 인프라를 잘 활용하여 성과를 달성할 수 있는 활용력이 있어야 한다.

• 창의적 진열 연출, 접객과 구매가 쉬운 Shop Display 능력이 필요하다.

• 상권관리를 하고, 고객 확대를 할 수 있어야 한다. 멤버십 고객(단골손님) 및 판촉을 할 수 있는 유효고객 확보 능력이 필요하다.

2. 솔선수범해야 한다.

우수한 매장 관리자는 팀원들에게 좋은 모범이 되어야 한다. 열정적이고 성실한 태도를 보이며 고객과의 상호작용에서도 훌륭한 서비스를 제공해야 한다. 또한 문제가 발생했을 때 신속하고 효과적으로 해결하는 등 일에 대한 책임감을 보여야 한다.

관리자의 솔선수범 항목으로는

① 원칙 엄수의 솔선수범
• 회사의 원칙을 지킨다. 회사의 경영 원칙은 물론 본사, 지사의 방침에 따라 매장 운영을 해야 한다.
• 근태의 원칙을 지킨다. 직장인의 제1원칙이 근면 성실이다. 그중 근태가 그 사람의 성실성을 표현한다.
• 관리자 자신이 세운 원칙을 지킨다. 관리자는 자신에게 엄격해야 한다.
• 매장 운영의 일관된 원칙을 지킨다. 관리자의 방향이 이랬다저랬다 하면 직원들의 사기는 저하되고 의욕이 상실된다.
• 언행일치의 원칙을 지켜야 한다. 언행이 일치하지 않으면 관

리자로서 통솔력을 상실하는 것이다.

② 긍정적인 생각의 솔선수범

• 지점장은 매장의 긍정 바이러스이다. 긍정적인 생각과 적극적인 행동으로 관리자가 앞서 나가야 한다.

• 회사의 방침에 대한 긍정적인 생각을 가지고 전파해야 한다. 회사의 방향에 의문을 가지거나 생각이 통일되지 않으면 영업력이 상실된다.

• 판매 환경에 대한 긍정적인 생각을 가지고 진취적인 행동을 해야 한다. 주어진 환경 탓을 하거나 내가 가진 자원이 부족하다고 생각하면 성과가 나지 않는다.

• 시황에 대한 긍정적인 생각으로 매출을 증가시켜야 한다.

• 판매 사원에 대한 긍정적인 생각을 가진다.

• 판매 사원의 역량에 대한 긍정적인 생각을 가진다.

③ 자기 관리의 솔선수범

• 자기 관리를 통해 사생활이 건전하고 모범적인 생활을 한다.

• 판매에 지장을 초래하는 과음을 하지 않는다.

• 판매를 잘할 수 있는 몸의 상태를 항상 유지한다.

• 업무 자세 및 근태의 솔선수범으로 자기의 브랜드를 관리한다.

④ 판매 활동의 솔선수범
• 제품 및 정책 숙지의 모범을 보여 우수한 판매 사원의 모범을 보인다. 관리자도 제품과 정책을 알고 판매의 맥을 유지 한다.
• 주요 지표의 실천 모범을 보인다. 관리자가 솔선하여 중점 실적 관리에 도전한다.

3. 직원의 육성 관리 능력이 있어야 한다.

훌륭한 관리자는 직원들의 육성에 관심을 기울여야 한다. 직원들의 강점과 약점을 파악하고 각자에게 맞는 교육과 훈련을 제공하여 역량을 향상하는 데 노력해야 한다. 또한 성과를 인정하고 장려함으로써 직원들의 동기를 부여하고 성장할 기회를 제공해야 한다.

① 사원육성을 위한 관리자의 조건은 무엇인가?
· 전문가이어야 한다.
업무의 전문가, 조직 관리의 전문가, 매장 운영의 전문가가 되어야 한다.

· 관찰자 역할이어야 한다.

시황 및 상권의 관찰자, 매장 환경의 관찰자, 판매 사원 역량의
관찰자가 되어야 한다.

· 자신의 노력과 시간을 사원육성에 투자한다.

판매 사원의 강점을 더욱 강화하고 그 후에 판매 사원의 약점
을 보강한다.

② 사원 관리 및 매장 운영은 어떻게 하는 것인가?

- 사원의 역량을 파악한 후 개인별 맞춤 지도를 한다.

· 사원별 매출 및 KPI(핵심 성과 지표) 실적을 확인한다.

· 판매를 잘하는 품목 및 못하는 품목을 확인한다.

· 접객 기법의 강점과 약점을 파악한다.

· 판매의 굴곡이 있으면 그 원인을 파악한다.

-사원별 역량에 맞는 코칭을 한다.

· 신입사원의 수준에 맞는 접객 및 판매 역량 강화 교육을 한
다.

· 우수사원, 보통사원, 부진사원별 맞춤 교육을 한다.

- 판매 사원과 소통을 통해 동기를 부여하고 사기를 고취 시킨다.

· 판매 사원의 개인적인 고민, 업무적인 고민에 관해 대화한다.

· 판매 사원이 자신의 의견을 말할 기회를 부여한다.

· 업무에 관해 대화할 때는 먼저 판매 사원에게 의견을 묻고, 그 후에 관리자의 의견을 말한다.

- 명확한 업무 지시로 동기 부여를 한다.

업무 지시의 3대 요소는 무엇인가?

첫째, 업무의 내용 및 의미를 명확히 전달한다.

둘째, 업무 담당을 명확히 지정한다.

셋째, 업무 완료 시기를 협의하여 정한다.

- 노력을 통해 얻을 수 있는 결과를 상기시키면서 동기 부여를 한다.

노력을 통해 얻을 수 있는 유형적 성과 및 무형적 성과에 관해 설명한다. 유형적 성과는 매출 성장으로 인한 성과급 상승, 급여 상승, 시상이 있고 무형적 성과로는 명예, 칭찬, 자존감 상승, 진급 시 혜택 등이 있다.

– 판매 사원의 업무상 어려움을 해결하여 동기 부여를 한다.

판매 사원의 의욕을 꺾는 업무 환경을 해소하고, 사원별 판매 난이도를 조정한다. 우수한 사원, 약간 부진한 사원, 신입사원의 담당 품목, 매출 목표의 수준 등을 조정하여 판매에 자신감을 가질 수 있도록 하고 사기를 북돋는다. 동료와의 관계를 개선해 준다. 동료나 선배와의 불편한 관계가 지속되면 업무 성과가 떨어진다. 관리자는 판매 지원 역할을 하여 동기 부여를 한다. 판매 사원이 판매에 집중할 수 있도록 사원의 고민과 고객 클레임 등을 대신 해결해 준다. 본사 및 지사와 협조해야 하는 일이 생기면 판매 사원을 대신해 해결해 준다. 물류 이동에 문제가 생기면 관리자가 나서서 판매에 필요한 제품을 확보해 주고 도움을 준다.

–판매 사원의 어쩔 수 없는 잘못은 이해해 주고 의욕을 높여준다.

판매 사원 자신이 스스로 잘못했다고 느끼는 것은 위로를 해주고, 실수 자체를 모르는 사원은 고칠 때까지 지적을 해주어야 한다. 예를 들면, 물류의 문제로 배송이 지연되어 고객으로부터 클레임을 받았을 때 재발 방지를 위한 사전 조치 사항들을 교육하고 주의를 주고 그 후 판매에 집중할 수 있도록 위로한다.

그러나 판매 사원이 무의식적으로 하는 잘못된 언행은 바로 지적하여 고치도록 한다. 매장에서 벽에 기대어 서 있거나 짝다리를 하는 경우, 상담할 때 주머니에 손을 넣는 행동, 후배를 '야'라고 부르는 행동 등은 바로 지적하여 고쳐야 한다.

고객과 전화 대화 시 실수하는 것은 바로 지적한다. 판매 사원이 고객과 전화 통화를 하면서 무의식적으로 반말 비슷한 응대를 할 때 이는 바로 주의를 주고 고쳐질 때까지 예의주시하면서 계속 관찰한다. 고객과의 전화 통화 시 왜 그렇게 했느냐고 이유를 물으니, 고객의 말씀에 맞장구를 친다고 했다. 판매 사원은 무의식적으로 자신도 모르게 그렇게 한 것이었다. 이런 버릇은 반드시 고쳐 주어야 한다.

- 판매 사원의 고민을 해결해 주어 판매 의욕을 향상한다.

판매 사원은 관리자가 판매 관련 어려움을 해결해 줄 때 관리자에게 신뢰감을 느끼고 판매 의욕이 생긴다. 판매 사원이 업무상 어려움이 있을 때 지체하지 않고 관리자에게 도움을 청하는 분위기를 형성한다. 판매 사원은 관리자가 강성 고객 불만 VOC를 해결해 줄 때나 다른 매장에 협조하여 제품을 확보해 주었을 때, 관리자에게 고마움을 느낀다. 판매 사원이 불만 VOC를 혼자 해결하려다가 스트레스를 받으면 접객 의욕을 잃게 되고, 불만

VOC를 해결하는 시간에 접객 기회를 상실할 수 있다.

– 객관적인 DATA 및 사례로 판매 사원을 지도하고 의욕을 자극한다.

판매 사원이 잘한 부분은 칭찬을 해주고, 부족한 부분을 지적할 때는 사례와 객관적인 DATA를 활용한다. 판매 사원이 잘한 사례를 구체적으로 칭찬할 때 판매 사원은 더 좋은 감정으로 받아들인다. 매출 및 주요성과 지표의 결과에 관해 대화할 때는 객관적인 DATA로 대화해야 판매 사원의 거부감을 해소할 수 있다. 판매 사원에게 지적할 때 판매 사원의 의욕을 꺾는 말을 해서는 안 된다.

– 판매에 집중할 수 있는 환경을 구축한다.

판매 집중 시간에는 전 판매 사원이 판매에 집중할 수 있도록 관리한다. 진열, 연출, 청소, 흡연, 개인 용무를 하지 않고 판매에 집중할 수 있도록 관리한다. 관리자는 판매 사원들이 판매에 집중하도록 지원자 임무를 수행한다. 컨트롤 타워 역할을 하면서 고객 흐름과 접객 상태를 파악한다. 매장에 걸려 오는 전화는 주로 관리자가 받으며, 클레임 고객 발생 시 신속히 처리한다.

- 판매 활동 효율을 올리는 매장을 운영한다.

판매와 직접적으로 관계가 있는 활동을 세밀하게 관리하여 판매 기회를 확대한다. 판매 사원이 모든 고객을 차별하지 않고 접객하도록 지도한다. 고객을 차별 접객을 하면 접객 건수가 줄어들고 판매 건수가 줄어들 수 있다. 특히 살 사람 안 살 사람 구분 말고 방문하는 모든 고객께 친절히 접객해야 한다.

- 모든 판매 사원이 멀티플레이어가 되도록 육성한다.

특정 판매 사원에게 판매가 집중되지 않도록 한다. 선임 사원은 고액 상품과 프리미엄 상품을 팔고, 신입사원은 소액 상품만 팔게 해서는 안 된다.

- 판매를 잘하는 판매기법을 전사원이 공유하도록 한다.

- 해약건 방지 및 해약 최소화에 신경을 쓴다.

어렵게 판매한 상품을 해약할 시 판매 시간 손실, 판매 의욕 저하 등의 부작용이 발생한다. 휴무 자가 상담한 건의 해약이 발생할 때 관리자가 나서서 해약을 방지하고, 다품목 해약 시에는 한 개 품목이라도 해약을 막기 위해 고객을 설득한다. 특히, 고액 상품이나 프리미엄, 이사, 혼수 판매 건의 판매 상담이 실패할 때는 판매 사원과 상담 실패 사유에 관해 상의하고 대안을 마련한다.

– 금액 목표관리와 판매 건수 관리를 병행하면 판매 사원들의 접객 횟수가 늘어나고, 소액 상품도 더 판매하려고 한다. 판매 건수를 관리하게 되면 어떤 효과가 발생하는가? 판매 사원이 상담 시 고액 상품 구매 고객과 소액 상품 구매 고객을 가리지 않고 적극적으로 상담하게 된다.

– 고객의 구매 니즈를 파악하고, 고객에게 적합한 제품을 제안하는 상담 기법을 활용한다. 이 상담 기법은 판매 성공률 향상과 고객 만족도를 올릴 수 있다.

※ 고객 니즈 파악 내용

• 구매 용도 질문

가장 기본적인 질문 내용으로서 "고객님, 어떤 용도로 사용하십니까?"라고, 질문한다.

• 제품 사용자 질문

구매자와 실제 사용자가 다를 수 있으므로 "주로 어느 분이 사용하실 건가요?"라고 질문을 한다.

• 가족 수 질문

가족이 같이 사용하는 제품일 때 가족 수에 맞는 용량을 제안하기 위해 질문을 한다. "가족은 모두 몇 분인가요?"라고 질문한다.

• 설치 장소 질문

제품을 설치하여 사용하는 장소를 질문한다. 집안 내부인지, 외부에 설치하는지 질문한다. "어디에 설치하시나요?"라고, 질문한다.

• 설치 환경

주거 환경이 단독주택인지, 아파트 인지 확인을 한다. 설치 시 사다리차가 필요한지도 물어본다. 만약 제품이 배송된 상황에서 사다리차가 필요할 경우 시간 낭비가 발생된다. 사전에 이런 상황을 방지해야 한다.

• 구매 예상 가격

고객은 구매 금액을 먼저 예상하고 방문한다.

"어느 정도 금액을 예상하시나요?"라고 조심스레 질문한다.

• 대체 구매일 경우 현재 사용 중인 제품의 상태를 물어본다.
"현재 사용 중인 제품은 어떤 상태이며, 어떤 제품인가요?"

• 단골손님에 대한 상담은 어떻게 해야 하는가?
예전에 구매한 제품을 잘 사용하고 있는지 물어보고, 단골손님의 개인적인 이야기를 주고받는다. 예를 들면 "자녀 분 결혼은 잘 치루 셨는지요? 요즘 건강은 어떠신지?"라며 자연스러운 대화를 이어간다.

• 코너 담당 및 기능 담당을 통해 매장을 운영한다. 담당의 역할은 첫째, 코너 담당은 품목 코너의 관리 및 매출 책임자이다. 예를 들어 가전 담당, AV 담당, 휴대전화 담당 등이다.
둘째, 기능 담당은 판매 업무 관련 담당이다. CS 담당, 판촉 담당, 멤버십 담당, 가망고객 담당 등이 있다.

• 코너 담당의 6대 역할은 무엇인가?

㉠ 제품 진열과 연출 상태를 판매 최적 상태로 유지한다.

제품의 진열과 연출을 회사 가이드 기준으로 하고, 매장 및 상권의 특성에 어울리는 상태를 유지한다. 그리고 청소는 1일 1회 담당이 시행한다.

ⓛ 동료들에게 제품 교육과 신제품 관련 소식을 신속 공유한다.
신모델 및 주력 모델의 특징을 소개하고 판매 소구점을 설명한다. 경쟁사 제품과의 차이점도 전달한다.

ⓒ 정책을 신속 공유하고 동료들의 숙지 상태를 확인한다.
담당 품목의 월초정책, 주말 가이드 및 정책 수시 변동을 판매 사원과 공유한다.

ⓔ 물류 이동 관리는 회사에서 제공하는 시스템을 적극 활용한다.

ⓜ 모델별 판매 현황을 관리자에게 일일이 보고하여 매출 관리를 한다.
담당 품목의 매출 동향 분석, 품목의 모델별 판매 추이 분석, 매장의 잘 팔리고 안 팔리는 모델 등을 파악하여 대책을 수립한다.

품목별 목표관리를 통한 전년 대비, 전월 대비 성장률을 비교하고, 당월 목표 대비 진척도 관리, 금액 구성비 변화 관리를 통한 프리미엄 제품 판매 비중 관리를 한다.

ⓑ 경쟁사 동향을 파악하여 특이 사항은 신속히 보고한다.

위와 같이 코너 담당의 역할을 부여하여 전 직원이 함께 움직여야 매장이 활기차고 팀워크가 형성된다.

4. 팀워크와 의사소통 촉진하기

우수한 매장 관리자는 팀원 간의 팀워크와 의사소통을 촉진하는 역할을 해야 한다. 팀원들 간 목표 달성을 위한 전략을 공유하고 조정할 수 있어야 한다. 또한 열린 의사소통을 통해 직원들의 의견을 수렴하고 공감대를 형성하여 팀원들의 업무 만족도를 높이는 데 중요한 역할을 해야 한다.

※ 부하들의 소통을 저해하는 독선형 리더의 모습은?

① 약속을 안 지키며 언행일치가 되지 않는 리더이다.

② 변덕이 심하며 지시의 일관성과 지속성이 없다.

③ 감정의 기복이 심하다. 이성적 대화보다는 소리를 높이 지른다.

④ 의심이 많아 직원들을 믿지 못한다.

⑤ 보상과 칭찬에 인색하다. 직원들의 성과에 대해 칭찬하지 않고 보상도 하지 않는다.

⑥ 인격을 무시하고 직원들을 도구로 인식한다.

⑦ 직원들에게 사사건건 잔소리한다.

⑧ 지휘계통을 지키지 않으며 위계질서를 무시하고 업무를 지시한다.

⑨ 윤리 의식이 약하여 근태, 업무 자세, 비용 사용 등에 불건전하다.

⑩ 직원들의 의견을 경청하지 않는다.

※ 소통과 경청이란?

소통이란? 서로의 생각과 의견을 물 흐르듯이 잘 흘러가고 통하게 하는 것이다. 즉, 내 생각을 제대로 전달하는 것이다.

· 막히지 않고 잘 통한다.

· 뜻이 서로 통하여 오해가 없는 것이다.

· 속이 트여 있으며, 도리와 조리에 밝음을 말한다.

경청이란?

- 공경하는 마음으로 듣는 것이다.

- 귀를 기울이고 주의, 집중해서 듣는 것이다.

경청하기 위해서는?

- 상대방에 대한 존경과 존중의 마음을 갖고

- 상대방의 말에 마음과 귀를 기울이고 집중해서 들어야 한다.

※ 좋은 팀워크 구축을 위해서는?

- 팀이 공동의 목표를 공유하고 이를 달성하기 위해 협력하도록 한다.

- 각 팀원에게 명확한 역할과 책임을 부여하여 각자의 강점을 최대한 활용할 수 있도록 한다.

- 팀원 간의 원활한 의사소통을 촉진한다.

- 팀원 간의 신뢰를 구축하는 것이 중요하다. 이를 위해 의사소통, 약속 이행, 상호 존중 등이 필요하다.

- 서로 협력하는 문화를 구축한다.

- 팀 내 갈등이 발생했을 때 이를 효과적이고 즉각적으로 해결하는 것이 중요하다.

• 우수한 팀워크로 성과 발생 시 성과에 대한 보상 시스템을 도입하여 팀원들의 동기 부여를 한다.

지금까지 관리자의 역할을 살펴보았다. 마지막으로 관리자의 역할 중 대응능력에 대해 살펴보자.

5. 문제에 대한 대처 및 시장 변화 대응능력이 있어야 한다.

우수 관리자는 예기치 못한 문제에 빠르게 대응하고 해결할 수 있는 능력을 갖추어야 한다. 고객 불만 사항이나 재고 부족 등의 문제를 해결하고, 시장의 변화에 대응할 수 있어야 한다. 또한 새로운 판매 전략이나 상품 라인을 개발할 수 있는 능력이 있어야 한다. 경쟁사의 움직임을 파악하고 필요한 대응책을 마련하여 매장의 경쟁력을 유지하고 향상하는 데 노력해야 한다.

이러한 요소들을 효과적으로 조합하여 매장 우수 관리자는 매장을 성공적으로 운영한다.

Chapter 7

목표 수립

목표의 정의

소매 영업에서 목표 수립은 기업이나 상점이 특정 기간 달성하고자 하는 성과나 결과를 명확히 정의하고 계획하는 과정을 말한다. 목표 수립은 비즈니스의 성공을 이루기 위한 핵심 요소 중 하나로, 조직의 방향성을 제시하고 직원들의 노력을 조율하여 효율적인 업무 실행을 도모한다.

목표의 종류

① 매출 목표

특정 기간 달성하고자 하는 매출액을 목표로 한다. 이는 가장 일반적이고 기본적인 목표 중 하나이다. 매장의 매출 금액 목표, 품목별 판매 금액 목표, 판매 사원별 매출 금액, 판매 사원별 품목별 금액, 수량 목표 등을 수립할 수 있다. 또한 매장 주요 지표의 목표를 별도 수립하여 관리 할 수도 있다.

② 이윤 목표

매출액을 달성하는 것뿐만 아니라 수익을 얼마나 올릴 것인지

를 목표로 한다. 이는 가격 조정, 비용 절감, 제품 혁신 등을 통해
이루어질 수 있다.

③ 고객 서비스 목표

고객 만족도를 높이고 충성도를 높이기 위한 목표로, 예를 들
어 고객 서비스 품질 향상이나 고객 응대 시간 단축 등이 해당한
다.

④ 재고 보유 목표

재고의 최적화와 관련된 목표로, 과다한 재고나 재고 부족 문
제를 해결하기 위한 목표이다.

⑤ 시장 점유율 목표

특정 시장에서 기업이 차지하고 있는 점유율을 늘리기 위한 목
표이다.

목표관리 항목

- 전년 대비 매출성장률

- 월 목표(경영/실행 목표)

- 주간 목표(경영/실행 목표)

- 일일 목표(경영/실행 목표)

- 매출 진척도

- 목표 대비 매출 달성률 등이 있다.

목표 수립의 사례

- **매장의 당월 목표 수립 기준**

　매장의 당월 목표 = 최근 3개월 목표 평균값 + 계절지수 + 이슈 사항을 고려하여 수립한다.

- **각 판매 사원의 목표 수립**

　매장의 당월 목표를 바탕으로 개인별 최근 3개월 평균 매출 값에 당월 계절지수를 반영하여 목표 금액을 설정한 후, 품목별 금액 및 수량을 분배 책정한다. 이때 고려 사항으로 각 판매 사원의 근무일 수를 반영하고 휴무 일수, 휴가, 교육 입교, 특이 사항 (경조사 등) 등을 고려하여 수립한다.

목표 전략 수립

소매 영업에서 목표를 수립하는 과정은 다음과 같다.

① 목표 설정

기업 또는 상점이 달성하고자 하는 목표를 명확하게 설정한다. 목표는 SMART 기준에 부합해야 한다. 즉, 구체적(Specific), 측정 가능(Measurable), 달성 가능(Achievable), 관련성 있는(Relevant), 시간상으로 제한된(Timely) 목표여야 한다.

② 현황 분석

현재 상황을 정확하게 파악하고 외부 환경 및 내부 요소들을 고려하여 목표를 설정한다. 경쟁사 분석, 시장 조사 등을 통해 관련 정보를 수집한다.

③ 목표 배정

상위 목표를 하위 목표로 분배하고 각 부서나 팀에게 적절히 배분한다. 각자의 역할과 책임을 명확히 해야 한다.

④ 성과 평가 및 수정

설정된 목표의 달성 여부를 정기적으로 평가하고 필요한 경우 수정한다. 성과 관리를 통해 목표 달성을 지속해서 추적하고 관리한다.

소매 영업에서 목표의 수립은 비즈니스의 성공을 위해 매우 중요하며, 목표가 잘 설정되고 실행되면 효율적인 리더십과 직원들의 협력을 통해 기업이 지속적인 성장을 이룰 수 있다.

전략 수립의 TOOL

전략 수립을 위해서는 먼저 3C 분석을 한다. 3C란 고객 (Customer), 경쟁사(Competitors), 회사(Company)의 세 가지 요소를 나타낸다. 이러한 요소들은 기업이 자사의 마케팅 전략을 수립하고 실행할 때 고려해야 할 중요한 요소들이다.

1) 3C 분석

① 고객 (Customer)

고객은 제품이나 서비스를 구매하는 주체로서, 기업이 생존하고 성장하기 위해 가장 중요한 존재이다. 고객에 대한 이해는 시장 조사를 통해 이루어지며, 고객의 니즈, 욕구, 행동 패턴, 구매동기 등을 파악하는 것이 중요하다.

기업은 고객의 요구를 충족시키기 위해 제품이나 서비스를 개발하고 마케팅 전략을 구성한다.

우리의 고객과 상권은 어떤 특성이 있나?

• 고객의 특성에는 구매 성향, 나이, 소득 등에 따라 구분할 수 있다.

• 상권의 특성은 상권의 규모, 상권의 변화, 주요 구매층 등으로 파악할 수 있다.

② 경쟁사 (Competitors)

경쟁사는 같은 시장에서 경쟁하는 다른 기업들을 가리킨다.

경쟁사의 행동과 전략을 이해하는 것은 기업이 적절한 대응 전략을 마련하고 경쟁 우위를 확보하는 데 중요하다. 경쟁사는 어떤 판매 전략을 갖고 있으며, 우리는 어떻게 대응해야 하는가? 경쟁사의 강, 약점은 무엇인가? 경쟁사의 전략 방향성은 무엇인가? 등 경쟁사의 제품, 가격, 마케팅 전략, 고객 서비스 등을 분석하여 기업의 경쟁력을 평가하고 경쟁 우위를 확보하는 방법을 모색해야 한다.

③ 회사 (Company)

회사는 자사의 내부 요소와 역량을 의미한다.

우리 회사의 강점과 약점은 무엇인가? 회사 역량은 어느 수준이며, 회사가 가지는 경쟁력은 경쟁 사비 어느 수준인가? 등 회사의 자원, 능력, 경영 전략, 제품군, 브랜드 인지도 등을 고려하여 마케팅 전략을 수립한다.

기업은 자사의 강점을 최대한 활용하고 약점을 보완하여 경쟁 우위를 유지하고 확대하는 데 노력해야 한다.

3C는 기업이 자사의 경쟁 우위를 확보하고 성공적인 마케팅 전략을 수립하기 위해 고려해야 할 핵심 요소들을 종합적으로 파악하는 데 도움이 된다. 이를 통해 기업은 고객을 효과적으로 타겟팅하고, 경쟁사와의 경쟁에서 우위를 확보하여 지속적인 성장과 발전을 이룰 수 있다.

2) STP 분석

STP는 마케팅에서 가장 기본이 되는 전략 중 하나이며, 시장 세분화(Segmentation), 타겟팅(Targeting), 포지셔닝(Positioning)의 약어이다. 이는 제품이나 서비스를 성공적으로 시장에 소개하고 판매하기 위한 핵심적인 단계들을 설명한다.

① 시장 세분화 (Segmentation)

시장 세분화란 전체 시장을 구매자의 특성에 따라 여러 그룹으로 나누는 과정이다. 이를 통해 다양한 고객 세분화를 인식하고, 각 세분화의 특성과 요구를 파악할 수 있다. 일반적으로 고객의 특성, 행동, 욕구 등을 고려하여 세분화를 수행하며, 이를 토대로 타겟 마케팅을 진행한다.

기업이 시장을 세분화해야 하는 이유는, 기업이 전체 소비자를 대상으로 개인화된 마케팅 전략을 수행하는 것은 불가능하기 때문이다. 또한 개인의 특성을 무시하고 시장 전체를 하나의 마케팅 전략만으로 구사하는 것도 아주 위험하다. 그래서 비교적 동질의 집단을 군집화하는 시장 세분화가 필요하다.

시장 세분화의 방법으로는

· 지리적 세분화 (Geographic Segmentation)

고객의 위치에 따라 국가, 지역, 도시, 인구 밀도, 기후 등을 기준으로 나눌 수 있다. 예를 들어, 도심 지역과 농촌 지역 고객의 요구가 다를 수 있다. 북부 지역의 고객에게는 겨울용 제품을, 남부 지역의 고객에게는 여름용 제품을 집중적으로 마케팅한다.

· 인구 통계적 세분화 (Demographic Segmentation)

고객을 인구 통계적 특성에 따라 세분화한다. 나이, 성별, 소득, 교육 수준, 직업, 가족 수 등을 기준으로 나눌 수 있다. 예시로 청소년을 대상으로 하는 패션 브랜드와 중년층을 대상으로 하는 건강 보조제가 있다.

· 심리적 세분화 (Psychographic Segmentation)

고객의 라이프스타일, 가치관, 성격, 관심사 등을 기준으로 세분화한다. 고객의 심리적 특성을 반영하여 마케팅 전략을 수립한다. 예시로 환경 보호에 관심이 많은 고객을 대상으로 하는 친환경 제품이 있다.

· 행동적 세분화 (Behavioral Segmentation)

고객의 행동 패턴을 기준으로 세분화한다. 구매 행동, 제품 사용 빈도, 브랜드 충성도, 구매 동기 등을 기준으로 나눌 수 있다. 예시로 자주 구매하는 고객에게는 할인 혜택을 제공하고, 특정 행사할 때만 구매하는 고객에게는 이벤트 정보를 제공한다.

• 기술적 세분화 (Technographic Segmentation)

고객이 사용하는 기술이나 디지털 기기, 인터넷 사용 습관 등을 기준으로 세분화한다. 이는 특히 IT 및 전자 상거래 분야에서 유용하다. 예시로 스마트폰 사용자와 컴퓨터 사용자에게 각각 최적화된 광고를 제공한다.

• 이익 기반 세분화 (Benefit Segmentation)

고객이 제품이나 서비스를 통해 얻고자 하는 주요 이익이나 혜택을 기준으로 세분화한다. 각 고객이 중시하는 가치를 파악하여 그에 맞춘 마케팅 전략을 수립한다. 예시로 가격을 중시하는 고객과 품질을 중시하는 고객에게 각각 맞춤형 제품을 제안한다.

위와 같이 세분된 시장은 기업에 어떤 효용을 주는가?

• 고객 요구와 선호도에 맞춤 서비스를 제공할 수 있다. 시장 세분화를 통해 기업은 고객의 다양한 요구와 선호도를 파악할 수 있고, 이를 바탕으로 제품을 맞춤화하고, 특정 시장의 기대에 부응하는 서비스를 제공할 수 있다.

• 효율적인 자원 배분으로 마케팅 비용이 절감된다. 모든 고객에게 같은 마케팅 전략을 사용하는 것보다 각 특정 시장에 맞춤화된 전략을 사용하는 것이 자원의 낭비를 줄이고, 효율적인 마

케팅을 가능하게 한다. 예산, 인력, 시간 등의 자원을 최적화할 수 있다.

• 경쟁 우위를 확보한다. 세분된 시장에 특화된 제품과 서비스를 제공함으로써 경쟁자와 차별화를 통해, 기업이 특정 시장에서 우위를 점하고, 충성도 높은 고객 기반을 구축하는 데 도움을 준다.

• 고객 만족도를 올린다. 각 특정 시장의 니즈를 정확히 파악하고 그에 맞는 마케팅 전략을 구사하여 고객 만족도를 높일 수 있다. 이는 고객 충성도를 강화하고, 긍정적인 입소문을 통해 새로운 고객을 유치하는 데 이바지한다.

• 신규 시장 진입 기회를 탐색할 수 있다. 시장 세분화를 통해 아직 발견되지 않은 니치시장(틈새시장 Nichemarket)이나 잠재력이 높은 새로운 시장을 발굴할 수 있다. 이는 성장 가능성을 높이고, 새로운 수익원을 창출할 기회를 제공한다.

• 마케팅 메시지를 최적화한다. 각 세분된 시장에 맞는 마케팅 메시지를 개발하고, 효과적인 커뮤니케이션 전략을 수립할 수 있다. 이는 고객과의 소통을 원활하게 하고, 브랜드 인지도를 높이는 데 도움이 된다.

• 제품 개발 방향을 설정한다. 고객 세분화를 통해 제품 개발에 필요한 정보를 얻을 수 있다. 고객의 피드백과 선호도를 반영

하여 제품을 개선하거나 새로운 제품을 개발할 수 있다.

② 타겟 마케팅 (Targeting)

타겟 마케팅은 세분된 시장 중에서 기업이 자사의 제품 또는 서비스를 가장 효과적으로 홍보하고 판매할 수 있는 특정 시장을 선택하는 과정이다. 기업은 다양한 요인을 고려하여 특정 세분된 시장을 선택하게 되는데, 이는 해당 세분화 시장의 규모, 성장 가능성, 경쟁 상황, 기업의 자원과 능력 등을 고려한다.

타겟 마케팅을 통해 기업은 자원을 효율적으로 할당하고 효과적인 마케팅 메시지를 전달하여 고객들의 관심을 끌 수 있다.

Target 전략의 방법으로는 무차별화 마케팅, 차별화 마케팅, 집중화 마케팅이 있다. 이는 목표 상권 및 목표 고객을 설정한 다음 선택과 집중으로 상권을 공략하는 것이다.

첫째, 무차별화 마케팅 전략은 무엇인가?

하나의 제품으로 전체 시장을 공략하는 전략이다. 주로 보편성이 높은 제품을 판매하는 전략이며, 코카콜라, 초코파이 등이 이에 해당한다. 소비자의 차이보다는 우수한 자사 제품의 이미지를 심어주기 위해 대량 유통과 대량 광고 방식을 채택한다.

둘째, 차별화 마케팅 전략은 무엇인가?

각 세분된 시장에서 여러 개의 표적시장을 선정하고 각각에 다른 제품으로 접근하여 다양한 고객의 니즈에 대응하는 전략이다. 자동차 시장이 이에 해당하며, 무차별화 마케팅보다 높은 매출과 이익이 가능하므로 현대적 기업이 주로 추구한다. 하지만 많은 잠재 고객을 대상으로 하므로 인적, 물적, 기술적 비용이 많이 소요되는 단점도 있어 주로 대기업에서 사용한다.

셋째, 집중화 마케팅 전략은 무엇인가?

각 세분된 시장 중에서 기업에 적합한 하나의 시장을 공략하는 전략이며, 주로 명품이나 마니아용 제품이 해당한다. 자원이 비교적 제한된 기업이 취하는 전략이며, 큰 시장의 작은 점유율보다 하나 또는 소수의 작은 시장에서 높은 점유율을 목표로 하는 전략이다. 장점으로는 특정 시장의 소비자 욕구에 잘 부합하는 전문화로 강력한 위치를 얻을 수 있고, 단점으로는 매우 작은 시장이므로 소비자의 구매 행동이 변하거나 강력한 경쟁자가 진입하면 높은 위험에 노출될 수 있다.

③ 포지셔닝 (Positioning)

포지셔닝은 기업이 자사의 제품이나 브랜드를 경쟁사와의 차별화된 이미지로 고객 마음속에 각인시키는 과정이다. 이는 제품이나 브랜드에 대한 고객들의 인식과 태도를 조절하여 특정한 이미지를 형성하고 유지하는 것을 의미한다. 기업은 자사의 제품이나 브랜드가 고객에게 제공하는 가치를 강조하고 경쟁 우위를 확보하기 위해 적절한 포지셔닝 전략을 수립하고 실행한다.

※ 포지셔닝의 유형에는 어떤 것이 있는가?

· 제품 속성에 따른 포지셔닝 (Positioning by Attributes)

제품이나 서비스의 특정 속성이나 특징을 강조하는 포지셔닝이다. 고객이 중요하게 생각하는 속성을 중심으로 마케팅 메시지를 전달한다. (예) "가장 빠른 인터넷 속도"를 제공하는 인터넷 서비스는 **이다.

· 이익 중심 포지셔닝 (Positioning by Benefits)

고객이 제품이나 서비스를 통해 얻을 수 있는 주요 이익을 강조하는 포지셔닝이다. 고객의 문제를 해결하거나 욕구를 충족시키는 이점을 중심으로 한다. (예) "24시간 지속되는 보습력"을 강조하는 ** 스킨케어 제품.

· 사용자 중심 포지셔닝 (Positioning by User)

특정 사용자 그룹을 타겟으로 한 포지셔닝이다. 특정 연령대, 성별, 직업, 라이프스타일 등의 고객 그룹을 대상으로 한다. (예) "활동적인 여성들을 위한 ** 스포츠웨어".

- **사용 상황, 용도를 강조한 포지셔닝** (Positioning by Use Occasion)

제품이나 서비스가 사용되는 특정 상황이나 용도를 강조하는 포지셔닝이다. 특정 상황에서의 효용을 중심으로 한다. (예) "아침 식사 대용으로 좋은∗∗에너지바".

- **경쟁 우위 강조 포지셔닝** (Positioning by Competitor)

경쟁사 제품보다 자사 제품의 우수한 점을 강조한다. (예) "더 저렴하면서도 더 많은 기능을 제공하는∗∗스마트폰". "최고의 배터리 수명을 자랑하는∗∗노트북".

- **가격 및 품질 기준 포지셔닝** (Positioning by Price and Quality)

고가의 프리미엄 제품이거나, 합리적인 가격에 높은 품질을 제공하는 제품으로 포지셔닝한다. (예) "가장 저렴한 가격에 최고의 품질을 제공하는∗∗가전제품"

- **특정 문화를 상징하는 포지셔닝** (Positioning by Cultural Symbols)

브랜드가 특정 문화적 의미나 감성을 연상시키도록 한다. (예) "전통과 현대의 조화를 이루는 한국의 대표 화장품∗∗브랜드"

- **제품 카테고리를 강조한 포지셔닝** (Positioning by Product Category)

제품의 새로운 카테고리를 창출하거나 기존 카테고리 내에서 독특한 위치를 차지하는 점을 강조한다. (예) "프리미엄 유기농 식품**"

포지셔닝 전략은 목표 고객의 인식에 깊은 영향을 미치기 때문에 명확하고 일관된 메시지를 전달하는 것이 중요하다. 각 유형의 포지셔닝은 특정 시장 상황과 고객 요구에 따라 다르게 적용될 수 있으며, 효과적인 포지셔닝을 위해서는 시장 조사와 고객 분석이 필수적이다.

위에서 시장 세분화와 특정 시장을 타켓팅하는 전략 및 제품 포지셔닝에 대해 살펴보았다. STP(Segmentation, Targeting, Positioning)는 기업이 자원을 최적화하고 경쟁 우위를 확보하기 위해 고객을 세분화하여 타겟을 선정하며, 자사의 제품이나 브랜드가 고객 마음속에 차별화된 위치를 확보하는 것을 목표로 한다. 이는 효과적인 마케팅 전략을 수립하고 실행하는 데 있어 아주 중요한 단계이다.

3) 4P 분석(Marketing Mix)과 실행

4P란? 제품(Product), 가격(Price), 판매 촉진(Promotion) 유통(Place)으로 구성된다. 이 4가지 요소는 기업이 제품 또는 서비스를 성공적으로 마케팅하고 판매하기 위해 고려해야 할 중요한 요소들이다.

① 제품 (Product)

제품은 기업이 시장에 출시하는 실제 상품이나 서비스를 말한다.

제품의 특징, 기능, 디자인, 품질, 브랜드 등이 소비자의 구매 결정에 영향을 미친다. 제품을 개발하고 디자인하는 과정에서 소비자의 니즈와 요구사항을 고려해야 한다. 고객의 니즈에 부합하는 제품을 개발하고, 제품의 특징과 장점을 강조하는 마케팅 전략을 수립한다. 제품의 디자인, 기능, 품질, 브랜드 인지도 등을 고려하여 고객에게 가치 있는 제품을 제공한다.

② 가격 (Price)

가격은 제품이나 서비스를 소비자가 구매할 때 그것의 가치를 화폐로 표시하는 것을 말한다. 가격은 기업의 수익을 결정하고 경쟁력을 형성하는 중요한 요소 중 하나이다. 가격은 소비자의 구매 결정에 직접적인 영향을 미치며, 가격정책은 경쟁사와의 경쟁에서도 중요한 역할을 한다. 적절한 가격을 정하는 것이 중요하다. 시장 조사를 통해 경쟁사의 가격과 비교하여 경쟁력 있는 가격을 설정한다.

할인, 프로모션, 가격 차별화 전략 등을 활용하여 가격을 조절하고 마케팅 목표와 일치시킨다.

③ 판매 촉진 (Promotion)

판매 촉진은 제품이나 서비스를 소비자에게 알리는 활동을 말한다. 광고, 판촉 활동, PR(홍보) 활동, 직접 마케팅 등이 포함된다. 최근에는 디지털 마케팅, 소셜 미디어 마케팅, PR 등 다양한 채널을 활용하여 고객에게 제품의 가치를 전달한다. 홍보 활동은 제품이나 서비스의 가치를 강조하고 소비자들의 관심을 끌어 구매를 유도하는 데 중요한 역할을 한다.

④ 유통 (Place)

유통은 제품이나 서비스를 소비자에게 제공하는 위치나 유통 채널을 가리킨다. 소비자들이 쉽게 접근할 수 있는 위치에 제품을 제공함으로써 편의성을 높이고 판매를 촉진할 수 있다. 제품의 유통 경로와 고객의 구매 패턴을 고려하여 제품이 소비자에게 편리하게 접근할 수 있도록 해야 한다. 유통은 유통 채널과 소매점의 위치, 물류 및 유통 관리 등을 포함한다.

4P는 제품 또는 서비스를 시장에 성공적으로 소개하고 판매하기 위한 기본적인 마케팅 전략의 요소들을 나타낸다. 이들 요소를 효과적으로 조합하여 소비자의 니즈를 충족시키고 경쟁 우위

를 확보할 수 있는 전략을 수립하는 것이 중요하다.

4) 7P 분석

7P는 제품(Product), 가격(Price), 판매 촉진(Promotion) 유통 (Place)의 4P에 이어서 사람(People), 프로세스(Process), 물리적 증거(Physical Evidence)를 포함한다. 이 7P는 기업이 제품이나 서비스를 마케팅하고 판매하는 데 필요한 요소들을 종합적으로 다룬다.

① 사람 (People)

사람은 기업과 고객 간의 상호작용에 관련된 모든 사람을 의미한다. 이는 직원, 고객, 공급업체, 협력사 등을 포함한다. 사람은 고객 서비스와 관계 관리에 중요한 역할을 한다. 직원의 전문성, 친절함, 고객 만족도 관리 등이 이에 해당한다.

그래서 직원을 포함한 모든 사람이 고객과의 상호작용에서 전문성과 친절함을 발휘할 수 있도록 교육과 훈련을 제공해야 한다. 고객 서비스 품질을 향상하기 위해 직원의 의사소통 능력과 고객 응대 능력을 강화해야 한다.

- 우리 판매 사원의 전문성은 어느 정도인가?
- 판매 사원의 접객 능력과 고객에 대한 친절함의 수준은 어느 정도인가? 등을 파악하고 경영에 반영해야 한다.

② 프로세스 (Process)

프로세스는 제품이나 서비스를 제공하기 위한 기업의 내부 프로세스와 절차를 가리킨다. 고객 쇼핑 경험을 개선하고 효율성을 향상하기 위해 제품 제조, 주문 처리, 배송 및 서비스 제공 등과 같은 프로세스와 절차를 효율적으로 설계하고 실행하는 것이 중요하다.

- 고객 접객 과정이 판매 성공, 고객 만족에 적합한가?
- 매장 입구에서부터 접객, 마지막 배웅까지의 프로세스 관리를 잘해야 한다.

③ 물리적 증거 (Physical Evidence)

물리적 증거는 제품이나 서비스와 관련된 신뢰성을 보장하기 위한 물리적 환경이나 요소를 의미한다. 고객에게 제품이나 서비스의 품질과 신뢰성을 전달하기 위한 브랜드의 외관, 제품 디자인, 매장 내부 디자인, 포장, 온라인 인터페이스 등이 이에 해당한다. 고객이 제품이나 서비스를 경험할 때 믿음과 신뢰를 갖도록 하는 것이 목표이다.

- 매장의 환경이 고객 접객에 적합한가?
- 매장의 진열, 연출 및 편의 시설 등이 고객에게 편리한가?
- 판매 사원의 용모, 복장 등이 기준에 부합하는가? 등을 파악
한다.

이러한 추가적인 3P는 기존의 4P(제품, 가격, 판매 촉진, 유통)
에 포함되는 요소들을 보완하고 고객 경험의 측면을 강조한다.
기업은 이 7P를 종합적으로 고려하여 제품이나 서비스를 개발하
고 마케팅 전략을 수립함으로써 고객에게 더 나은 가치를 제공하
여 경쟁 우위를 확보할 수 있다.

Chapter 8

상권관리

상권은 일반적으로 비즈니스와 상업 활동이 집중된 지역을 말한다. 이는 소매 영업에서 중요한 개념으로, 특정 지역 내에서 소매상점이 서로 영향을 주고받으며 경쟁과 협력 관계를 형성하는 공간을 의미한다. 상권 분석과 관리는 소매업자들이 비즈니스를 효율적으로 운영하고 성공을 거두기 위해, 필요한 중요한 단계이다.

상권 분석

1) 상권의 정의

상권은 고객을 유치하고 서비스를 제공하는 지리적 범위를 의미한다. 상권은 일반적으로 고객이 매장을 방문하여 제품이나 서비스를 구매하는데 편리한 거리 내에 있는 지역을 가리킨다. 상권은 다음과 같은 요소들이 포함될 수 있다.

① 지리적 위치

상권은 소매업체의 실제 위치를 중심으로 특정 반경 내의 지역으로 정의된다. 이는 도보 거리, 차량 이용 거리 또는 대중교통 이용 가능성을 기준으로 할 수 있다.

② 인구 밀도

상권 내 거주 인구의 크기와 밀도는 매우 중요하다. 인구 밀도가 높을수록 잠재 고객 수가 많아지고, 이는 상권의 크기와 범위에 직접적인 영향을 미친다.

③ 경쟁 환경

인근에 있는 경쟁 업체의 수와 그들의 매장 규모 및 고객 충성도 등이 상권을 정의하는 중요한 요소이다. 경쟁이 치열할수록 개별 상점의 상권이 좁아질 수 있다.

④ 교통 접근성

도로, 대중교통, 주차 시설 등의 접근성이 좋을수록 상권은 넓어질 수 있다. 고객이 쉽게 접근할 수 있는 상점일수록 더 넓은 지역에서 고객을 유치할 수 있다.

⑤ 소비자의 선호도 및 충성도

소비자의 특정 상점에 대한 선호도나 쇼핑을 위해 이동하는 거리도 상권을 결정하는 데 중요한 역할을 한다. 예를 들어, 특별한 제품이나 서비스를 제공하는 매장은 더 넓은 지역에서 고객을 끌어들일 수 있다.

⑥ 경제적 요인

상권 내 소비자들의 소득 수준, 구매력, 소비 패턴 등이 상권의 정의에 영향을 미친다. 소득 수준이 높은 지역일수록 소매업체의 상권이 넓어질 수 있다.

이러한 요인들을 종합적으로 고려하여 상권을 분석하고, 최적의 입지 선정, 마케팅 전략 수립, 고객 유치 방안을 계획해야 한다.

2) 상권 분석

① 경쟁 분석

주변 상권 내의 경쟁 업체들을 파악하고 경쟁 강도를 분석한다. 경쟁 업체의 특징, 가격정책, 제품/서비스 품질 등을 조사하여 자신의 경쟁 우위를 찾는다.

② 대상 고객 분석

상권 내의 대상 고객층을 정의하고, 그들의 구매력, 쇼핑 습관, 선호도를 이해한다.

이를 통해 상품 및 서비스를 표적화하고 효과적인 마케팅 전략을 수립한다.

③ 인구 특성 분석

상권 내 인구 특성을 파악하여 인구통계학적 데이터를 활용한다. 나이, 성별, 소득 수준 등의 정보를 활용하여 상품과 서비스를 조절하거나 개발한다.

④ 교통 및 접근성 분석

상권의 교통 및 접근성을 평가하여 소비자들이 쉽게 접근할 수 있는 위치에 있는지 확인한다.

3) 1차 상권과 2차 상권

① 1차 상권 (Primary Trade Area)

1차 상권은 매장 주변에서 가장 많은 고객이 유입되는 지역을 의미한다. 이 지역은 일반적으로 매장에서 도보로 접근할 수 있는 거리의 지역으로, 가장 높은 빈도의 방문과 매출을 발생시키는 고객들이 주로 거주하거나 일하는 곳이다. 1차 상권의 특성은 다음과 같다.

- 가까운 거리이며, 보통 매장에서 도보로 5~10분 이내의 거리에 위치하는 상권을 말한다.
- 높은 방문 빈도가 있는 고객, 매일 또는 주기적으로 방문하는 고객이 거주하는 상권을 말한다.
- 높은 매출 비중을 차지 하는 상권이다. 전체 매출의 50% 이상이 이 지역에서 발생할 수 있다.

② 2차 상권 (Secondary Trade Area)

2차 상권은 1차 상권 다음으로 매장을 찾는 고객들이 거주하거나 일하는 지역을 의미한다. 이 지역은 매장과의 거리가 좀 더 떨어져 있지만 여전히 고객 유입이 지속해서 발생하는 곳이다. 2차 상권의 특성은 다음과 같다.

- 중간 거리의 상권으로서 보통 매장에서 차량으로 5~10분 내외의 거리에 있다.
- 중간 방문 빈도의 상권이다. 주말 또는 특정 요일에 방문하는 고객이 거주하는 상권이다.

- 중간 매출 비중을 차지한다. 전체 매출의 20~30% 정도가 이 지역에서 발생할 수 있다.

이 두 상권의 구분은 매장의 유형, 위치, 그리고 주변 환경에 따라 다를 수 있으며, 상권 분석을 통해 매장의 주요 고객층을 파악하고 적절한 마케팅 전략을 수립하여야 한다.

상권 관리의 원칙

① 활기찬 상권을 위한 마케팅 전략

기존 고객을 유치하고 새로운 고객을 모으기 위한 효과적인 마케팅 전략을 수립한다. 온라인 및 오프라인 홍보 활동을 통해 상권의 가시성을 높인다.

② 지역 내 상권의 활성화를 위한 상권 개발

새로운 트렌드나 고객 요구에 맞춰 상권을 지속해서 발전시킨다. 새로운 상점, 서비스, 이벤트 등을 도입하여 상권의 다양성을 높인다.

③ 상권 내 영업인들과의 협력 관계를 구축한다.

주변 상점 및 기업들과 협력 관계를 구축하여 상생적인 활동을 유도한다. 지역 커뮤니티와의 협력을 통해 지역 사회에 긍정적인 영향을 미친다.

④ 상권 내 시설의 관리

상권 내 시설의 유지 보수를 철저히 하고, 깨끗하고 안전한 환경을 제공한다. 소비자들의 편의를 위한 시설 개선 및 확장을 고려한다. 이러한 상권 분석과 관리는 지속해서 수행되어야 하며, 변화하는 시장 조건에 따라 조정되어야 한다.

상권 관리의 기본

① 적절한 입지 선정

* 접근성이 좋아야 한다.

고객이 쉽게 접근할 수 있는 위치에 매장을 선정한다. 이는 도로망, 대중교통, 주차 시설 등의 접근성을 포함하여 종합적으로 판단한다.

* 가시성이 있어야 한다.

매장이 잘 보이는 위치에 있어야 한다. 눈에 잘 띄는 위치에 있을수록 고객의 주목을 받을 가능성이 커진다.

* 유동 인구가 많아야 한다.

매장 주변의 유동 인구가 많은 지역을 선택한다. 높은 유동 인구는 잠재 고객이 많다는 의미이다.

② 철저한 경쟁 분석

- 경쟁자를 파악한다.

주변 경쟁 매장의 위치, 강점, 약점을 분석한다. 이를 통해 차별화된 전략을 수립할 수 있다.

- 시장 포지셔닝

자사 매장의 독특한 강점을 부각하고, 시장에서의 위치를 명확히 한다.

③ 고객 중심의 분석

- 상권 내 고객 특성을 이해한다.

상권 내 주요 고객층의 인구통계학적 특성(나이, 성별, 소득 수준 등)과 소비 패턴을 분석한다.

- 고객 니즈를 파악한다.

고객의 요구와 선호도를 파악하여 상품과 서비스를 제공하는 데 반영한다.

④상권 확장 및 유지

- 상권 확장을 염두에 둔다.

고객이 몰려오는 1등 매장의 비법

초기에는 1차 상권을 공고히 하고, 점차 2차 상권으로 확장해야 한다.

- 상권 유지 관리를 잘한다.

상권의 변화에 대응하기 위해 지속해서 자료를 수집하고 분석하며, 필요한 조치를 한다.

⑤ 효과적인 마케팅 및 프로모션

- 지역 맞춤형 마케팅을 시행한다.

상권의 특성에 맞춘 마케팅 활동을 전개한다. 예를 들어, 지역 축제나 이벤트에 참여하거나 지역 주민을 대상으로 한 프로모션을 실시한다.

- 고객 유인 전략을 전개한다.

할인, 쿠폰, 멤버십 프로그램 등을 통해 고객을 유인하고 충성도를 높인다.

⑥ 지역 사회와의 연계

- 커뮤니티에 참여한다.

지역 사회와의 관계를 강화한다. 이는 지역 주민과의 유대감을 형성하고 매장의 신뢰도를 높이는 데 도움이 된다.

- 사회적 책임 활동을 한다.

지역 사회에 긍정적인 영향을 미칠 수 있는 활동을 통해 브랜드 인지도를 올린다.

⑦ 데이터를 기반으로 의사결정

- 판매 데이터 분석

매출 데이터, 유입 고객의 특성 데이터, 고객 피드백 자료 등을 분석하여 상권 맞춤 전략을 지속해서 개선한다.

- 트렌드 모니터링

시장 트렌드와 변화하는 고객의 요구를 파악하여 신속히 대응한다.

⑧ 서비스 품질 관리

- 고객 서비스의 질을 향상한다.

고객 서비스의 품질을 유지하고 향상하는 데 주력한다. 고객 만족도는 재방문율과 매출에 직결된다. 항상 다시 찾고 싶은 매장이 되어야 한다.

- 직원 교육과 훈련

직원들에게 지속적인 교육과 훈련을 제공하여 높은 서비스 수준을 유지한다.

Chapter 9

고객관리

소매 영업에서 고객관리는 성공적인 비즈니스 운영을 위해 중요한 부분이다. 고객관리는 단순히 제품이나 서비스를 판매하는 것 이상으로, 고객과의 지속적인 관계를 구축하고 유지하는 것을 의미한다.

고객 관리 내용

1) 고객 인식 및 이해

① 구매 이력 분석

고객의 이전 구매 이력을 통해 고객의 취향과 선호도를 파악한다.

② 고객 분류

고객을 비슷한 특성 단위별로 세분화하여 특정 그룹에 맞춘 전략을 수립한다.

2) 고객 관계 강화

① 친절하고 전문적인 서비스 제공

직원들이 항상 고객을 친절하게 대하고, 제품 또는 서비스에 대한 전문적인 정보를 제공해야 한다. 고객들의 개별적인 선호도와 요구에 맞추어 개인화된 서비스를 제공하고, 고객이 어떤 제품을 선호하는지, 어떤 서비스가 필요한지를 이해하여 그것에 맞게 제안하거나 도움을 줌으로써 고객의 만족도를 높여야 한다.

② 고객 데이터 분석

구매 이력, 선호도, 행동 패턴 등을 분석하여 고객을 더 잘 이해하고, 이에 맞는 마케팅 전략을 수립한다. 이를 통해 고객에게 특별한 혜택이나 맞춤형 제안을 제공할 수 있다.

③ 정기적인 소통

고객과의 소통을 유지하고, 피드백을 주고받는다. 이메일, SMS, 소셜 미디어 등을 통해 새로운 제품 소식, 할인 이벤트, 특별 혜택 등을 알리고, 고객의 의견이나 요구에 신속하게 대응한다.

④ 충성 프로그램 운영

고객의 충성도를 높이기 위한 프로그램을 도입한다. 할인 쿠폰, 적립 포인트, 특별 회원 혜택 등을 제공하여 고객들이 계속해서 매장을 방문하고 구매를 이어나갈 수 있도록 관리한다.

⑤ 규칙적인 이벤트 개최

고객들이 매장을 방문하고 상품을 구매하도록 유도하는 이벤트를 정기적으로 개최한다. 할인 행사, 시즌 세일, 신제품 이벤트 등을 통해 소비자들의 관심을 유발하고 매장으로 유인하도록 한다.

⑥ 고객 만족도 조사

정기적으로 고객 만족도 조사를 시행하여 고객의 의견을 수렴하고 서비스나 제품에 대한 개선점을 파악한다. 이를 통해 고객들의 불만을 해소하고 만족도를 높이는 데 활용한다.

⑦ 불만 처리

불만이 발생했을 때 신속하고 효과적으로 해결하여, 고객 불만족을 최소화한다.

이러한 노력으로 소매업체는 고객들과의 관계를 강화하고, 충성도를 높이며, 매출을 증대시킬 수 있다.

3) 고객 신규 확보 및 기존고객 유지 활동

신규고객을 확보하는 방법은 어떤 것이 있을까?

① 온라인마케팅을 통한 신규고객 확보

• 소셜 미디어 광고를 통하여 신규고객을 확보한다. 즉, 페이스북, 인스타그램 등의 플랫폼에서 타겟 광고를 통해 관심 있는 잠재 고객을 유치할 수 있다.

• 검색 엔진 최적화(SEO)를 통하여 신규고객을 확보한다. 웹사이트의 콘텐츠를 최적화하여 네이버나 구글 등의 검색 엔진에서 상위에 노출되도록 한다.

② 프로모션 및 이벤트를 통한 신규고객 확보

• 첫 방문 고객에게 할인 쿠폰을 제공하여 구매를 유도한다.

• 제품의 무료 샘플을 제공하여 제품을 직접 체험해 볼 수 있게 한다.

• 오프라인 매장에서 특별 이벤트나 체험 행사를 개최하여 방

문을 유도한다.

③ 협력 마케팅을 하여 신규고객 확보

• 관련 분야의 인플루언서와 협력하여 제품을 홍보한다.

• 다른 관련 업종의 업체와 제휴하여 서로의 고객을 공유한다.

위 사례 외에도 여러 가지 방법으로 신규고객을 확보할 수 있다. 어렵게 확보한 신규고객을 경쟁사에 이탈되지 않도록 기존고객 유지 활동 또한 매우 중요하다고 할 수 있는데,

기존고객 유지 방법으로는 어떤 것이 있을까?

① 고객 관리 프로그램으로 기존고객 유지

• 멤버십 프로그램을 운영한다. 기존 회원에게 포인트 적립, 특별 할인 등의 혜택을 제공하여 재방문을 유도한다.

• 고객 데이터베이스를 관리한다. 기존 구매 이력 등을 분석하여 고객 맞춤형 마케팅을 시행한다.

② 커뮤니케이션을 강화하여 기존고객 유지관리

• 정기적으로 이메일, 뉴스레터를 발송하여 신제품 정보, 특별 행사 소식 등을 전하며 고객과의 소통을 유지한다.

• SNS 활동을 강화한다. 소셜 미디어를 통해 고객과의 소통을 강화하고 피드백을 반영한다.

③고객쇼핑 경험 개선을 통해 기존고객 관리

• 친절하고 신속한 고객 서비스를 제공하여 고객의 쇼핑 만족도를 높인다.

• 고객의 취향과 필요에 맞춘 개인화된 맞춤형 서비스를 제공하여 고객의 만족도를 높인다.

④보상 및 인센티브 제공으로 기존 고객관리

• 구매 금액에 따라 포인트를 적립해 주고, 이를 통해 할인 혜택을 제공한다.

• 재방문 시 추가 할인을 제공하여 재구매를 유도한다.

⑤피드백을 반영하여 기존고객 관리

• 고객의 의견을 반영할 수 있도록 정기적으로 설문 조사를 시행한다.

• 온라인 리뷰를 적극적으로 관리하고, 고객의 불만 사항을 신속하게 해결한다.

이러한 전략들을 적절하게 활용하면 신규고객을 효과적으로 유치하고 기존고객을 지속해서 유지할 수 있다. 각 전략의 효과는 매장의 특성이나 고객층에 따라 다를 수 있으므로, 상황에 맞게 조정하여 사용하는 것이 중요하다.

4) 고객 정보 수집 및 분석

① 고객 피드백 수집

고객들의 의견과 피드백을 수집하여 제품 및 서비스 개선에
활용한다.

② 고객 구매 패턴 분석

고객의 구매 패턴을 분석하여 특정 상품이나 서비스에 대한
수요를 파악한다.

5) 디지털 고객관리 운영

① 온라인 플랫폼 활용

온라인 쇼핑이 증가함에 따라 디지털 채널을 통한 고객관리가
중요하다. 온라인은 편리하고 개인화된 서비스를 제공한다.

6) 고객에게 정보를 전달

① 제품 정보 제공

고객들에게 제품 또는 서비스에 대한 충분한 정보를 제공하여 구매 결정을 돕는다.

② 교육프로그램 운영

제품 사용 방법이나 유용한 정보를 전달하는 교육프로그램을 운영하여 고객의 만족도를 높인다.

7) 소셜미디어 활용

소셜 미디어 플랫폼을 활용하여 고객들과 소통하며 브랜드 인지도를 높이고, 피드백을 수렴한다.

8) 고객 로열티 프로그램 운영

고객의 구매 금액별 로열티 프로그램을 도입하여 고객들에게 특별한 혜택이나 할인을 제공하고 충성도를 높인다.

　고객관리는 지속적이고 체계적인 과정이다. 고객들과의 긍정적인 상호작용을 통해 브랜드 인지도를 향상하고 장기적인 성장을 도모하는 데 도움이 된다.

신규고객 확보와 기존고객의 데이터는 왜 중요한가?

① 신규 멤버십 고객 확보의 중요성

• **매출 증대와 새로운 수익원을 확보할 수 있다.**

신규 멤버십 고객은 기존고객과는 다르게 아직 회사의 제품이나 서비스를 이용한 경험이 없는 경우가 많다. 따라서 신규 멤버십 고객을 유치함으로써 매출을 높이고 새로운 수익원을 확보할 수 있다.

• **고객 베이스를 확장한다.**

신규 멤버십 고객을 유치하면 기존고객 베이스를 확장할 수 있다. 새로운 고객들이 추가되면 브랜드 인지도가 증가하고 시장 점유율을 확대할 수 있다.

- **장기적인 고객 관계를 구축할 수 있다.**

신규 멤버십 고객을 만족시키고 그들의 충성도를 얻는다면 장기적인 고객 관계를 구축할 수 있다. 충성고객은 회사의 제품이나 서비스를 계속 이용할 가능성이 높고, 추가 구매 및 추천으로 이어질 수 있다.

- **시장 경쟁력을 강화할 수 있다.**

신규 멤버십 고객을 유치함으로써 경쟁사 대비 경쟁력을 강화할 수 있다. 시장에서 새로운 고객을 획득하여 브랜드의 입지를 높이는 것은 기업의 경쟁력을 강화하는 데 도움이 된다.

- **기업 혁신과 향후 성장 기회로 삼을 수 있다.**

새로운 고객들은 기존고객들과는 다른 점을 가지고 있을 수 있다. 이들의 피드백과 요구사항을 듣고 반영함으로써 제품이나 서비스를 개선하고 혁신하는 기회를 얻을 수 있다.

따라서 신규 멤버십 고객은 회사의 성장과 발전에 있어서 매우 중요한 요소이다.

② 기존고객 유지의 중요성

신규고객을 추가 확보한 후 장기적인 고정 고객화가 중요하다. 신규고객을 확보하는데 소요 되는 비용보다 기존고객 관리 비용이 적게 들고 재방문율과 구매율이 높다. 기존고객 유지, 관리의 중요성을 살펴보면

• 기업의 안정적인 수익원이 된다.

기존고객은 이미 회사의 제품이나 서비스를 구매하고 만족한 고객들이다. 그들은 신규고객보다 추가 구매와 충성도가 높을 가능성이 있다. 이는 안정적인 매출과 수익을 보장하는 데 도움이 된다.

• 비용 효율성이 높다.

기존고객을 유지하는 것은 신규고객을 유치하는 것보다 비용이 적게 든다. 신규고객을 확보하기 위해서는 마케팅 비용이 많이 들기 때문에, 기존고객을 유지하는 것이 비즈니스에 더 효율적인 방법일 수 있다.

• 추가 매출의 기회를 제공한다.

기존고객들에게 추가적인 제품이나 서비스를 제공하여 추가 매출을 얻을 수 있다. 기존고객들과의 긴밀한 관계를 통해 그들의 니즈를 파악하고 맞춤형 해법을 제공함으로써 추가 매출을 창출할 수 있다.

• 기존고객은 충성도가 높고 주변 지인 추천을 통해 고객 증대에 도움이 된다.

구매 후 만족한 고객들은 브랜드에 대한 충성도가 높을 뿐만 아니라, 자기 경험을 주변 사람들에게 추천할 가능성도 높다. 이는 브랜드 인지도를 높이고 새로운 고객을 유치하는 데에도 도움이 된다.

• 경쟁 우위를 유지하게 한다.

기존고객을 유지함으로써 경쟁사에 대한 우위를 유지할 수 있다. 경쟁이 치열한 시장에서 기존고객을 잃지 않고 유지함으로써 시장에서의 지위를 강화할 수 있다.

• 고객으로부터 피드백을 받을 수 있다.

고객의 피드백을 통해 제품과 서비스를 개선하고 고객의 요구에 더욱 적합하게 조정할 수 있다. 이는 고객 만족도를 높이고 장기적인 성장을 이루는 데 도움이 된다.

신규고객 확보와 기존고객 유지, 관리는 소매 판매장 영업에서 매우 중요한 전략이다. 이를 위해 효과적인 마케팅, 품질 좋은 제품과 서비스 제공, 고객 서비스의 개선 등 다양한 방법을 사용하여 신규고객을 유치하고, 기존고객을 유지하는 노력이 필요하다.

가망고객 관리

① 가망고객이란?

지금 당장은 상품을 구매하지 않지만 향후 구매할 가능성이 있는 고객이다.

② 가망고객의 유형

가망 고객의 첫째 유형은 상담 실패 고객이다. 상담 실패 고객은 오늘 상담을 하였지만 당장 구매하지 않은 고객이며, 이런 고객은 구매 예상 시점을 파악하여 미래의 가망 고객화 노력을 해야 한다. 특정 상품에 대한 구매 정보를 수집하고 그 상품을 구매할 때까지 미래 가망고객으로 관리한다.

둘째 가망 고객 유형은 해피콜(고객과의 관계 형성을 위한 연락 마케팅)을 통해 파악된 잠재 구매 고객이다.

예전에 상품을 구매한 고객에게 해피콜을 하여 향후 필요한 상품이 무엇인지 정보를 얻고 가망고객으로 관리한다.

③ 가망고객을 구매 고객화하는 활동 사례

• 단기 가망고객 구매 유도

오늘 상담하였으나 구매하지 않은 고객은 경쟁사로 갈 수도 있고 구매 의욕이 상실될 수도 있다. 이런 고객 대상으로 30분 이내 문자나 전화로 재방문을 권하면 재 방문율이 상승한다.

• 중기 가망고객 구매 유도

상담 접촉 후 1개월 이내 문자나 전화로 제품 정보, 판촉 할인 정보 등을 제공하면 구매 의욕이 다시 생성되어 재 방문율을 높일 수 있다.

• 장기 가망고객 구매 유도

접촉 후 1개월 이상 지난 고객이며, 월 1회 정도 안내 문자나 정보를 제공하여 계속해서 관심을 유발하거나, 상호 관계 형성을 유지해야 한다.

④ CRM(Customer Relationship Management 고객 관계 관리)

CRM 고도화란?

정밀 표적화된 프리미엄 고객을 추출하고 진정성 있는 TM(전화 마케팅)을 실시하여 내방 가능성을 높이는 '저비용 고효율' 판촉 방법이다.

⑤ CRM 고도화가 필요한 이유는?

• 저비용 고효율 판촉을 전개할 수 있다.

• 표적화된 프리미엄 고객에 대한 TM(TeleMarketing, 통신 장비를 이용한 판매나 구매 권유 마케팅)으로 재구매율 상승 및 고객 LOCK IN(이탈 방지) 효과를 얻을 수 있다.

고객 정보 관리

소매 영업에서 고객 정보 관리는 고객과의 효과적인 상호작용을 위해 필수적인 부분이다. 이를 통해 고객에 대한 이해를 깊이 있게 하고, 맞춤형 서비스를 제공하며 고객 만족도를 높일 수 있다.

① 고객 정보란?

개인에 관한 정보로서 성명, 주민등록번호 및 그 외 개인을 알아볼 수 있는 부호, 문자, 음성 및 영상 등의 정보를 말한다. 즉, 개인을 식별할 수 있는 모든 정보를 말하며 산업의 변화와 정보통신의 발달로 개인정보의 범위가 확대되고 있다.

② 개인정보의 종류

• 일반 정보

이름, 주민등록번호, 주소, 전화번호, 생년월일, 출생지, 본적지, 성별, 국적 등

• 가족 정보

가구 구성원의 이름, 출생지, 생년월일, 주민등록번호, 직업, 전화번호 등

• 교육 및 훈련 정보

학교 출석 사항, 최종학력, 학교 성적, 기술 자격증 및 전문면허증, 이수한 훈련 프로그램, 동아리 활동, 상벌 등

• 병역 정보

군번 및 계급, 제대유형, 주특기, 근무 부대명

• 부동산 정보

소유 주택, 토지, 자동차, 기타 소유 차량, 상점, 건물 등

• 소득정보

연봉, 경력, 보너스 및 수수료, 기타 소득, 이자 등

• 기타 수익정보

보험 가입 현황, 투자 프로그램 등

• 신용정보

대부 잔액 및 지급 현황, 저당, 신용카드, 지급 연기, 미납횟수, 입금압류 통보 기록 등

• 고용 정보

현재 고용주, 회사 주소, 상급자 명, 직무 평가 기록, 훈련 기록, 출석 기록, 상벌 기록, 성격 테스트 결과 등.

• 법적 정보

전과 기록, 자동차 교통 법규 위반 기록, 파산 및 담보 기록, 이혼 기록, 납세 기록

• 의료 정보

가족 병력, 의료기록, 신체장애, 혈액형 등

• 조직정보

노조 가입, 종교 단체 가입, 정당 가입, 클럽 회원

• 통신정보

이메일, 전화 통화 내용, 로그파일, 쿠키 등

• 위치정보

GPS나 휴대전화에 의한 개인 위치 정보

• 신체정보

지문, 홍채, DNA, 신장, 몸무게, 가슴둘레 등

• 습관 및 취미 정보

흡연, 음주량, 취미, 특기, 도박 성향 등

- CCTV 녹화 화면도 개인정보에 속함

③ 고객 정보 관리 방법

㉮ 고객 정보 수집

기업은 고객의 동의를 구한 후 '고객 정보 수집, 이용, 활용' 등의 활동을 할 수 있다. 단, 거래의 과정(제품 판매 등)에서 계약 이행의 목적(배송 등)으로 수집된 정보는 상법에 근거하여 5년간 보관할 수 있다. 거래 이력 확인 등의 목적에만 조회할 수 있고 마케팅 활동 등에는 활용할 수 없다.

- 기본 정보 : 성명, 연락처, 주소 등의 기본적인 고객 정보를 수집한다.
- 구매 이력 : 이전 구매 내용을 기록하여 고객의 취향과 선호도를 이해한다.
- 설문 조사 및 피드백 : 고객의 의견을 수집하기 위해 설문 조사나 피드백을 진행한다.

㉯ 고객 정보 저장 및 관리

- 고객관리 시스템 (CRM) 활용: CRM 시스템을 도입하여 고객 정보를 체계적으로 저장하고 관리한다.
- 보안 및 개인 정보 보호: 고객 정보의 안전성과 개인 정보

보호를 위한 보안 시스템을 도입하여 안전한 저장 및 활용을 보장한다.

㉳ 고객 세분화

- 고객을 그룹화하여 분류한다. 구매 패턴, 관심사, 선호도 등을 기반으로 고객을 세분화하여 몇 개의 그룹으로 나눈다.
- 세분된 고객의 그룹에 맞는 맞춤형 서비스나 프로모션을 제공한다.

㉴ 고객 이력 관리

- 각 고객의 구매 이력을 추적하여 어떤 상품, 서비스에 관심을 가지는지 파악한다.
- 이전 구매 이력을 기반으로 관련 상품이나 서비스를 추천하여 추가 구매를 유도한다.

㉵ 고객 상호작용 기록

- 고객과의 대화 내용을 기록하여 이전 상호작용을 파악하고 이를 바탕으로 향후 관계를 개선한다.
- 고객의 의견이나 특별한 요청을 기록하여 미래의 서비스 개선에 활용한다.

㉡ 고객 분석 및 예측

- 이전 구매 패턴과 행동을 분석하여 미래의 행동을 예측한다.
- 특정 고객 그룹이나 개별 고객의 수익성을 평가하고 예측한다.

㉢ 마케팅 및 커뮤니케이션 전략

- 고객 세분화를 기반으로 한 타겟 마케팅 전략을 수립한다.
- 고객에게 맞춤형 정보와 프로모션을 제공하여 상호작용을 촉진한다.

㉣ 고객 로열티 프로그램 관리

- 멤버십 프로그램을 운영하여 고객에게 특별 혜택을 제공하고 적립 시스템을 통해 충성도를 높인다.

고객 정보 관리는 민감한 주제이므로 항상 고객의 동의를 받고, 관련 법규를 준수해야 한다. 효과적인 고객 정보 관리를 통해 소매 영업자는 고객과의 긍정적인 관계를 유지하고 비즈니스 성과를 향상할 수 있다.

개인 정보 보호법

　개인정보 보호법은 개인정보 보호와 관련된 종합적인 규정을 담고 있는 법률로, 개인의 사생활을 보호하고 개인정보의 적절한 관리를 보장하기 위해 제정되었다. 이 법은 개인정보를 처리하는 과정에서 개인의 권리를 보호하고, 정보의 안전한 처리를 통해 개인정보 침해를 방지하는 것을 목적으로 한다. 주요 내용과 특징은 다음과 같다.

① 정보 보호법의 목적

• 개인의 사생활 보호

개인정보의 수집, 이용, 제공, 관리, 파기 등 전반적인 처리 과정에서 개인의 사생활을 보호하는 것을 목적으로 한다.

• 정보 주체의 권리 보장

개인정보를 제공하는 정보 주체가 자신의 정보를 어떻게 사용하고 있는지 알 권리, 자신의 개인정보를 정정, 삭제, 처리 정지 등을 요구할 권리를 보장한다.

② 개인정보의 정의

• 개인정보는 개인에 관한 정보로서, 해당 정보에 포함된 성명, 주민등록번호, 영상 등을 통해 개인을 식별할 수 있는 정보를 의미한다.

• 특정한 개인을 식별할 수 있는 정보

단독으로 또는 다른 정보와 함께 특정 개인을 식별할 수 있는 모든 정보를 포함한다.

• 개인정보의 처리 원칙

- 적법성과 투명성

개인정보는 적법하게 수집되고, 정보 주체에게 그 목적과 방법이 투명하게 공개되어야 한다.

- 목적 제한

수집된 개인정보는 명시된 목적 외의 다른 목적으로 처리되지 않아야 한다.

- 최소화

개인정보는 처리 목적을 달성하기 위해, 필요한 최소한의 범위에서 수집되고 처리되어야 한다.

- 정확성

개인정보는 정확하고 최신의 상태로 유지되어야 한다.

- 보관 기간 제한

개인정보는 처리 목적을 달성하는 데 필요한 기간만 보관되어야 하며, 그 기간이 지나면 바로 파기해야 한다.

③ 개인정보 처리자의 의무

• 안전조치 의무

개인정보 처리자는 개인정보의 무단 접근, 유출, 변조, 훼손을 방지하기 위한 적절한 기술적, 관리적 보호 조치를 취해야 한다.

• 교육 의무

개인정보 처리자는 직원에게 개인정보 보호와 관련된 교육을 정기적으로 실시해야 한다.

④ 위반 시 책임

법을 위반하면 민사, 형사, 행정적 책임을 질 수 있다.

⑤ 정보 주체의 권리

• 열람 요청

정보 주체는 자신의 개인정보에 대한 열람을 요구할 권리가 있다.

• 정정 및 삭제 요청

정보 주체는 부정확한 개인정보의 정정 또는 삭제를 요구할 권리가 있다.

• 처리 정지 요청

정보 주체는 자신의 개인정보 처리의 일시적 또는 영구적 중지를 요구할 권리가 있다.

⑥ 개인정보보호위원회

• 설립 목적

개인정보 보호에 관한 주요 정책을 심의하고 조정하는 역할을 한다.

• 주요 기능

개인정보 침해 사건 조사, 법률 준수 여부 감시, 개인정보 보호 정책의 수립과 시행 등을 담당한다.

⑦개인정보의 해외 이전

• 규제

개인정보를 해외로 이전할 때는 정보 주체의 동의를 받거나 법에서 정한 요건을 준수해야 한다.

• 보호 수준

해외로 이전되는 개인정보가 적절한 보호 수준을 유지할 수 있도록 보장해야 한다.

대한민국의 개인정보 보호법은 글로벌 기준에 부합 하며, 특히 정보 주체의 권리 보호와 개인정보의 안전한 처리를 중시한다. 이를 통해 개인정보가 안전하게 관리되고, 정보 주체의 권리가 침해되지 않도록 다양한 보호 장치를 마련하고 있다.

Chapter 10
재고관리

재고의 의미

①상품 준비

재고란 판매를 위해 매장에 진열된 제품과 창고에 보유하고 있는 제품을 통틀어 말한다. 고객이 보고, 만지고, 느낄 수 있도록 매장에 진열을 목적으로 하는 재고가 진열 재고이며, 판매를 목적으로 창고에 보관된 재고를 운영 재고 또는 회전 재고라고 한다.

② 판매 자산

재고는 매장의 자산으로, 판매를 통해 수익을 창출할 수 있는 주요 요소이다.

③ 공급과 수요의 균형

재고는 공급과 수요의 균형을 맞추는 데 중요한 역할을 한다. 적절한 재고 수준을 유지하면 고객의 수요를 신속하게 충족시킬 수 있다.

④ 비용 요소

재고는 단순히 상품의 집합이 아니라, 이를 유지하고 관리하는 데 드는 비용 요소를 포함한다. 이는 보관비, 보험료, 손실 위험 등을 포함한다.

재고는 고객에게 판매될 상품의 총체로, 이는 매장의 매출과 운영에 직접적인 영향을 미치는 중요한 자산이다. 재고의 의미는 단순히 상품의 집합을 넘어, 공급과 수요의 균형을 맞추고, 비용 요소를 관리하며, 매장의 수익성을 좌우하는 핵심적인 역할을 한다.

재고 관리의 중요성

    재고관리가 제대로 되지 않으면 그 매장은 상품 구색이 부족하여 판매 기회 손실이 발생한다. 또한 제품이 품절되거나 단종된 재고를 많이 보유하게 되면 재고 회전율이 문제가 되어 손익에 영향을 미치게 된다. 그리고 신모델 도입이 늦으면 고객으로부터 불평을 듣게 되고 결국 고객으로부터 외면받는 매장이 된다.

    장기 악성 재고로 인해 상품의 LOSS (폐기, 반품, 저가 판매)가 발생하면 매장의 손익에 많은 영향을 준다. 재고관리의 중요성은 아래와 같다.

①수요 예측과 고객 만족

고객이 원하는 상품을 제때 제공함으로써 고객 만족도를 높인다. 재고 부족으로 인한 판매 손실을 방지하고, 반대로 과잉재고로 인한 불필요한 비용을 줄인다.

②비용 절감

불필요한 재고 보관 비용을 줄이고, 유통 기한이 있는 상품의 손실을 최소화한다. 효율적인 재고관리를 통해 자본을 효율적으로 운용할 수 있다.

③운영 효율성 향상

정확한 재고 정보는 주문 처리, 매장 디스플레이, 프로모션 전략 수립 등을 쉽게 한다. 시스템화된 재고관리로 업무 효율성을 높이고, 손실을 줄일 수 있다.

④캐시 플로우(현금 흐름) 관리

재고는 자산으로 간주하기 때문에, 적절한 재고관리는 매장의 현금 흐름을 원활히 유지하는 데 중요하다. 재고 회전율을 높여 자본의 흐름을 원활하게 하고, 재투자를 쉽게 한다.

⑤데이터 기반 의사결정

재고 데이터를 분석하여 판매 트렌드, 고객 선호도 등을 파악할 수 있다. 이러한 데이터는 마케팅 전략, 상품 기획, 구매 결정 등에 중요한 역할을 한다.

⑥재고 손실 최소화

재고관리 시스템을 통해 도난, 손상, 유통 기한 경과 등으로 인한 재고 손실을 최소화할 수 있다. 정기적인 재고 조사를 통해 재고의 정확성을 유지하고, 문제를 조기에 발견하여 해결할 수 있어야 한다.

재고관리는 소매 영업의 필수적인 요소로, 재고관리를 통해 매장의 운영 효율성을 극대화하고 고객 만족을 높이며, 비용을 절감할 수 있다. 따라서 체계적이고 효율적인 재고관리는 매장의 성공에 있어 매우 중요한 역할을 한다.

재고의 구분

①기본 재고

일상적인 판매를 위해 매장이나 창고에 보유하고 있는 재고다. 이는 매장의 정상적인 운영을 위해 필수적으로 유지 해야 하는 재고이다.

②안전 재고

예기치 못한 수요 급증이나 공급 지연 등에 대비하여 추가로 보유하는 재고다. 이는 고객이 원하는 상품을 언제든지 제공할 수 있도록 보장한다.

③ 계절 재고

특정 계절이나 이벤트에 맞춰 준비하는 것이 계절 재고이다. 예를 들어, 겨울철에는 방한용품, 여름철에는 냉방기기 등이 이에 해당한다.

④프로모션 재고

특정 프로모션이나 할인 행사 등을 위해 준비된 것이 프로모션 재고이다. 단기적으로 많은 수요가 예상될 때 확보한다.

재고 상태에 따른 분류

- **정상 재고**

현재 정상적으로 운영 중인 상품이며, 공급업체의 지속적 생산이 가능한 상품이다.

- 단종 예정 재고

제품군 철수 예정인 상품이나, 추가 생산에 한계가 있는 상품이며, 추가 매입금지 및 재고 소진에 주력해야 하는 상품이다.

• 단종 재고

제품군 철수 대상 상품이다. 공급업체의 생산 불가 또는 판매가 부진한 상품이며, 총재고 5% 이내 관리 목표로 신속한 재고 소진이 필요한 상품이다.

• 악성 재고

생산이 단종되어 2개월 이상 지난 재고이며, 총재고의 2% 이내 보유 목표를 세우고 악성 재고 리스트를 만들어 별도 관리를 해야 한다. 코너 담당별 소진 목표를 운영하여 최단기간에 소진해야 하는 재고이다.

재고조사

재고 조사는 재고의 정확성을 유지하고, 손실을 방지하며, 재고 관리의 효율성을 높이는 데 필수적인 절차이다. 재고 조사는 다음과 같은 방법으로 진행한다.

①정기 재고 조사

일정한 주기(예:월간, 분기별, 연간)로 매장 내 모든 재고를 수작업으로 점검하는 방법이다. 전수조사 방식으로 모든 재고 항목을 하나하나 확인한다. 이 방식의 단점은 정확성은 있으나, 시간이 많이 소요되고 일시적으로 매장 운영이 중단될 수 있다.

②순환 재고 조사

전체 재고를 한 번에 조사하는 대신, 매일 또는 매주 일정 부분씩 나눠서 조사하는 방법이다. 예를 들어, 재고를 여러 구역으로 나누고, 매일 다른 구역을 순환하며 조사하는 방식이다. 이는 매장 운영에 미치는 영향을 최소화하면서도 정기적인 재고 조사의 효과를 유지 할 수 있다.

③주기적 샘플링

전체 재고 중 일부 항목을, 샘플링하여 조사하는 방법이다. 주로 중요하거나 고가의 상품, 회전율이 높은 상품을 중심으로 조사한다. 이 방식은 효율적이지만, 샘플링의 결과가 전체 재고의 상태를 정확히 반영하지 않을 수 있다.

④바코드 및 RFID(칩 내장 방식) 시스템 사용

바코드 스캐너나 RFID 태그를 사용하여 재고를 신속하고 정확하게 조사하는 방법이다. 이는 정확성과 효율성을 높일 수 있지만, 초기 도입 비용이 발생할 수 있다.

재고 조사 시 고려할 점으로는

- 정확한 기록

조사 결과는 정확하게 기록하고, 재고 관리 시스템에 반영해야
한다.

- 문제점 파악

재고 조사 중에 발견된 문제점(예: 손실, 손상 등)은 즉시 파악
하고, 원인을 분석하여 대책을 마련한다.

- 직원 교육

재고 조사 방법과 절차에 대해 직원들을 충분히 교육하여, 조
사 과정에서의 오류를 최소화한다.

- 자동화 도구 활용

가능한 경우, 바코드 스캐너, RFID 태그 등 자동화 도구를 활
용하여 재고 조사의 효율성을 높인다.

이와 같은 방법으로 재고를 구분하고, 재고 상태에 따라 분류
하여 효과적인 재고 조사를 하면, 매장의 운영 효율성을 크게 높
일 수 있다.

Chapter 11

조회의 목적

①정보전달과 좋은 사례 공유

• 매장의 최신 정보, 프로모션, 새로운 제품, 정책 변화 등을 직원들에게 전달한다. 조회를 통해 직원들이 같은 정보를 가지고 일관된 서비스를 제공할 수 있도록 해야 한다.

• 우수 판매 사례 공유를 통해 팀워크를 구축한다.

②판매 목표 공유와 성과 점검

• 매장 및 판매사원의 당일 또는 이번 주의 판매 목표를 공유

함으로써 목표 달성 의식을 강화한다. 그리고 이전 기간의 성과를 점검하여 개선점을 찾는다.

③ 동기 부여

• 직원들의 사기를 북돋우고 동기를 부여한다. 성과가 좋은 직원들은 칭찬하고 인센티브를 제공하여 팀의 긍정적인 분위기를 조성한다.

④ 판매기법 교육과 훈련

• 제품 지식, 고객 응대 방법, 판매 기술 등에 대한 교육을 시행한다. 새로운 상황에 대응하는 방법 등을 훈련한다.
• 제품 지식 습득의 OJT(on-the-job training, 직장 내 훈련) 시간으로 활용하여 신입사원이나 부진사원의 역량을 강화한다.

⑤ 문제해결 및 고객의 피드백 수집

• 직원들이 직면한 문제나 어려움을 듣고 해결책을 모색한다. 고객의 피드백이나 직원들의 제안을 수집하여 매장 운영에 반영한다.

조회 운영의 원칙

①정기적으로 실시하며 시간을 지킨다.

• 조회는 매일 정해진 시간에 정기적으로 실시하여 직원들이 일관된 루틴을 가질 수 있도록 한다. 조회는 매일 실시 하는 게 좋다.

• 조회 시간은 최대한 짧고, 집중되게 운영하며 업무 시작 전에 효율적으로 진행한다.

② 명확한 안건이 있어야 한다.

• 조회의 안건은 미리 정하고 직원들에게 사전에 공유한다.

③ 직원 참여 유도와 긍정적 분위기를 조성한다.

- 모든 직원이 적극적으로 참여할 수 있도록 유도한다. 직원들이 의견을 자유롭게 표현할 수 있는 분위기를 조성한다.
- 조회는 긍정적이고 활기찬 분위기에서 진행한다.
- 칭찬과 격려를 하여 직원들이 조회 이후 동기 부여를 받을 수 있도록 한다.

④ 조회 내용은 피드백하여 개선해야 한다.

- 조회에서 나온 내용이나 제안은 적극적으로 검토하고 반영한다. 직원들이 제안한 내용이 실제로 개선되었는가를 공유한다.

⑤ 조회 내용은 교육적이고 업무에 도움이 되어야 한다.

- 조회마다 교육적 요소를 포함하여 지속해서 직원들의 역량을 강화한다. 상황에 따른 롤플레잉(모의로 실제 연기하는 것)이나 시뮬레이션을 통해 실제 업무에 도움이 되는 교육을 진행한다.

이와 같은 조회의 목적과 원칙을 준수하면, 매장의 효율적인 운영과 직원들의 동기 부여, 고객 서비스 향상에 큰 도움이 된다.

조회 시 버려야 할 3가지

- 질책성 실적은 공유하지 않는다. 판매사원의 부담감과 자책감만 가중되고 상호 불신과 불만을 가질 수 있다.

- 딱딱한 주입식 조회는 하지 않는다. 경직된 분위기를 조성하면 사기가 저하되고 서로 어색한 분위기가 연출된다.

- 듣기만 하는 조회는 하지 않는다. 일방적으로 설명하고 수동적으로 듣는 조회만 하면 조회의 내용이 기억에서 쉽게 사라진다.

조회 시 해야 할 3가지

• 승무원 미소 따라잡기 연습을 한다. 미소는 나의 품격을 높이고 친절한 상담으로 판매 성공률을 높인다.

• 몸풀기와 스트레칭을 한다. 신체 리듬을 깨우고 활기찬 하루를 열 수 있도록 한다.

• 전 사원 한마디씩 하기. 모두 참여하고 소통함으로써 활기차고 적극적인 동참을 유도한다.

Chapter 12

온라인 마케팅

온라인 비즈니스의 개념과
온라인 시장의 특성

① 온라인 마케팅의 개념

온라인 마케팅은 디지털 매체와 도구를 사용하여 제품이나 서비스를 홍보하고 마케팅하는 전략적인 활동을 의미한다. 전통적인 마케팅 방법과는 달리 인터넷을 통해 이루어지며, 웹사이트, 소셜 미디어, 이메일, 검색엔진, 온라인 광고 등 다양한 디지털 채널을 활용한다.

온라인 마케팅의 목표는 온라인 채널을 통해 잠재 고객에게 정보를 전달하여, 이를 구매로 전환 시키는 것이다. 이것을 위해서는 타겟을 정확하게 설정할 수 있어야 하고, 구매로 전환 시킬 수 있을 만큼 확실한 가치를 입증할 수 있어야 한다.

주요 개념과 특징을 간략히 살펴보면

첫째, 디지털 매체를 활용한다.

온라인 마케팅은 디지털 매체를 활용하여 제품이나 서비스를 홍보하고 고객과 상호작용하는 것을 중심으로 한다. 이를 통해 고객들에게 다양한 형태의 콘텐츠를 제공하고, 그들의 관심을 유도하여 마케팅 목표를 달성하려는 것이 목적이다.

둘째, 타겟팅이 쉽고 개인화 마케팅이 가능하다.

온라인 마케팅은 타겟팅이 쉽다. 고객의 관심사, 행동 패턴, 지역 등을 고려하여 특정 대상을 정확하게 타겟하는 것이 가능하다. 또한 이를 통해 개인화된 마케팅 메시지를 전달할 수 있어 고객과의 관계를 강화할 수 있다.

셋째, 실시간 분석과 측정을 한다.

온라인 마케팅을 통해 발생하는 데이터를 실시간으로 분석하고 측정할 수 있다. 이를 통해 마케팅 캠페인의 성과를 신속하게 파악하고 효율적으로 수정할 수 있다.

넷째, 고객과 상호작용성을 강화한다.

소셜 미디어와 같은 플랫폼을 활용하여 고객과의 상호작용을 강화할 수 있다. 고객의 의견이나 피드백을 수집하고 이를 바탕으로 제품이나 서비스를 개선할 수 있다.

다섯째, 다양한 채널을 활용한다.

온라인 마케팅은 다양한 디지털 채널을 활용하여 고객에게 접근할 수 있다. 웹사이트, 블로그, 소셜 미디어, 이메일, 검색엔진 등을 통해 다양한 콘텐츠를 제공하고 마케팅 메시지를 전달할 수 있다.

여섯째, 지속적인 개선과 최적화가 필요하다.

온라인 마케팅은 변화하는 시장 환경과 고객의 요구에 대응하기 위해 지속적인 전략 개선과 조정을 해야 한다.

이러한 특성들을 통해 온라인 마케팅은 기존의 마케팅 방법보다 효율적으로 고객을 유치하고 유지할 수 있는 강력한 도구로 자리매김하고 있다.

② 전자상거래와 오픈마켓은 무엇인가?

전자상거래(E-commerce)는 고객의 상품 주문 이후 배송 완료 시까지 유통의 전 과정을 관리하는 것을 말하며, 아마존, 쿠팡, 마켓컬리 등이 대표적이다.

오픈마켓은 인터넷 중개 몰에서 파는 사람과 사는 사람을 연결해 주는 전자 상거래 플랫폼이다. 온라인 유통 중 거래액이 가장 많고 대중적인 온라인 유통채널이다. 네이버, 카카오, G마켓, 11번가 등이 있으며, 모든 사람에게 동등하게 열린 가상공간의 장터라고 할 수 있다.

좁은 의미의 E-commerce는 위에서 언급했듯이 하나의 웹사이트에서 전 과정을 수행하는 거래 방식을 의미하나,

넓은 의미의 E-commerce는 거래의 전 과정을 수행하던, 장터만 제공하던, 인터넷 공간에서 거래가 이루어지는 모든 상거래를 의미한다.

여기서는 좁은 의미의 이커머스를 설명하고자 한다.

전자 상거래(E-commerce)와 오픈마켓(open market)은 모두

디지털 환경에서 상품과 서비스를 거래하는 방식을 포함하지만, 각각의 개념과 기능에는 중요한 차이가 있다.

이 두 가지의 개념과 차이점을 자세히 살펴보자.

첫째, 전자 상거래(E-commerce)란 무엇인가?

전자 상거래의 개념은 인터넷을 통해 상품과 서비스를 거래하는 모든 활동을 포함한다. 이는 웹사이트, 모바일 앱, 소셜 미디어 등을 통해 이루어질 수 있다. 전자 상거래는 단순히 제품을 판매하는 것을 넘어, 주문 처리, 결제, 배송, 고객 서비스 등과 같은 다양한 상업 활동을 포함한다.

전자 상거래의 특징으로는
- 판매자와 구매자 간 직거래를 한다.

전자 상거래는 일반적으로 개별 기업이 운영하는 웹사이트를 통해 직접 소비자에게 판매하는 형태이다. 예를 들어, 아마존(Amazon), 이베이(eBay), 알리바바(Alibaba)와 같은 기업들은 자체적인 전자상거래 웹사이트를 운영한다.

- 브랜드 관리를 직접 한다.

전자 상거래 웹사이트를 운영하는 기업은 자사 브랜드를 직접 관리하고, 고객 경험을 최적화할 수 있다.

- 다양한 결제 방식을 활용한다.

신용카드, 페이팔(PayPal), 전자 송금 등 다양한 결제 방법을 지원한다.

- 독립적인 시스템을 운영한다.

각 전자 상거래 플랫폼은 독립적으로 작동하며, 가격 책정, 상품 관리, 배송 정책 등을 자율적으로 설정할 수 있다.

둘째, 오픈마켓 (Open Market)이란 무엇인가?

오픈마켓의 개념은 다수의 판매자가 상품을 판매할 수 있도록 하는 온라인 플랫폼을 의미한다. 이 플랫폼은 거래를 중개하며, 판매자와 구매자 간의 직접적인 상호작용을 지원한다. 대표적인 오픈마켓 플랫폼으로는 아마존 마켓플레이스(Amazon Marketplace), 이베이(eBay), 그리고 국내의 경우 네이버, 카카오, G-마켓, 11번가와 같은 플랫폼이 있다.

오픈마켓의 특징은 무엇인가?

- 다수의 판매자가 존재한다.

오픈마켓은 여러 판매자가 하나의 플랫폼에서 상품을 판매할 수 있도록 한다. 이는 소규모 사업자부터 대형 기업까지 다양한 판매자가 참여할 수 있음을 의미한다.

- 경쟁이 치열하다.

같은 상품을 여러 판매자가 판매할 수 있어, 자연스럽게 가격 경쟁과 서비스 경쟁이 발생한다. 이는 소비자에게 유리한 가격과 다양한 선택을 제공하게 된다.

- 플랫폼 제공자 역할이 있다.

오픈마켓 운영자는 거래를 위한 플랫폼을 제공하고, 거래가 원활히 이루어질 수 있도록 지원한다. 이는 결제 처리, 데이터 보안, 고객 지원 등의 기능을 포함한다.

- 수수료가 발생한다.

오픈마켓은 보통 판매자에게 일정액 수수료를 부과하여 수익을 창출한다. 이는 거래 발생 시 일정 비율의 수수료이거나, 가입비, 광고비 등 다양한 형태로 나타날 수 있다.

- 리뷰 및 평가 시스템이 있다.

소비자는 구매한 상품에 대해 리뷰와 평가를 남길 수 있어, 다른 구매자들에게 중요한 정보를 제공한다. 이는 판매자의 신뢰도와 상품 품질을 간접적으로 확인할 수 있는 수단이 된다.

전자 상거래와 오픈마켓의 각 개념을 살펴보았는데 그럼 이 둘의 차이점이 무엇인지 살펴보자.

셋째, 전자상거래와 오픈마켓의 차이점은 무엇인가?

㉮ 소유와 운영에 차이가 있다.

- 전자 상거래는 특정 기업이 자체적으로 웹사이트를 운영하며, 모든 거래와 서비스는 해당 기업의 통제하에 이루어진다.

• 오픈마켓은 여러 판매자가 참여하는 플랫폼을 제공하며, 플랫폼 운영자는 중개자 역할을 한다.

㉯ 판매자가 다르다.

• 전자 상거래는 단일 판매자(기업) 또는 그 기업의 파트너들이 제품을 판매한다.

• 오픈마켓은 다수의 독립된 판매자가 상품을 판매하며, 이는 소규모 개인 판매자부터 대형 유통업체까지 다양하다.

㉰ 경쟁 구조가 다르다.

• 전자 상거래는 같은 플랫폼 내에서 직접적인 경쟁이 거의 없다. 경쟁은 주로 외부의 다른 전자상거래 사이트와 이루어진다.

• 오픈마켓은 같은 플랫폼 내에서 여러 판매자가 같은 상품을 경쟁적으로 판매하여 경쟁이 치열하다.

㉱ 수익 모델이 다르다.

• 전자 상거래는 주로 상품 판매를 통한 직접적인 수익과 부가 서비스(프리미엄 서비스, 멤버십 등)를 통해 수익을 창출한다.

• 오픈마켓은 판매자로부터 받는 수수료, 광고 수익, 프리미엄

서비스 이용료 등 다양한 수익 모델을 가지고 있다.

㉮ 고객 관리 방식이 다르다.
• 전자 상거래는 기업이 전체 고객 경험을 관리할 수 있어, 브랜드 이미지와 고객 서비스 품질을 통일되게 유지할 수 있다.
• 오픈마켓은 각 판매자가 개별적으로 고객 경험을 관리하므로, 플랫폼 전체의 일관된 서비스 품질을 보장하기 어려울 수 있다.

전자 상거래와 오픈마켓은 각각의 강점과 약점을 가지고 있어, 기업은 자신의 비즈니스 모델과 목표에 맞는 방식을 선택하여 활용하게 된다. 전자 상거래는 독립적이고 통제된 환경에서 브랜드를 관리하고 싶을 때 유리하며, 오픈마켓은 다양한 판매자와의 경쟁을 통해 더 많은 소비자를 끌어들이고자 할 때 효과적이다.

위에서 온라인 마켓의 개념과 전자상거래와 오픈마켓에 대해 알아보았다. 그럼 온라인 마케팅의 장단점에 대해 알아보자.

③ 온라인 마케팅의 장단점은?

온라인 마케팅은 전통적인 마케팅 방식과는 다른 여러 장단점을 가지고 있다.

첫째, 온라인 마케팅의 장점은 무엇인가?

- 지리적 한계가 없고 도달 범위가 아주 넓다.

인터넷은 지리적 한계를 초월하여 글로벌 시장에 접근할 수 있게 해준다. 따라서 기업은 전 세계 고객에게 자사 제품과 서비스를 홍보할 수 있다.

- 비용이 효율적이다.

전통적인 광고(텔레비전, 라디오, 인쇄물 등)와 비교했을 때 온라인 마케팅은 상대적으로 저렴하다. 특히 소셜 미디어 광고나 검색엔진 광고는 적은 비용으로도 효과적인 마케팅이 가능하다.

- 정교한 타겟팅 및 개인 맞춤형 영업을 할 수 있다.

온라인 마케팅은 고객 데이터를 기반으로 매우 정교한 타겟팅이 가능하다. 이를 통해 특정 고객 세분화를 겨냥한 맞춤형 광고와 프로모션을 제공할 수 있다.

- 성과 측정이 가능하고 결과를 분석할 수 있다.

다양한 분석 도구(Google Analytics, Facebook Insights 등)를 통해 캠페인의 성과를 실시간으로 모니터링하고, 데이터를 분석하여 효율성을 극대화할 수 있다. 이는 ROI(투자 대비 수익률)를 정확히 계산하고, 전략을 조정하는 데 유용하다.

- 고객과 상호작용을 하고 고객 참여가 가능하다.

소셜 미디어 플랫폼을 통해 고객과 직접 소통하고, 피드백을 즉각적으로 받을 수 있다. 이는 고객과의 관계를 강화하고, 충성도 높은 고객을 확보하는 데 도움이 된다.

- 시간에 구애받지 않는다.

온라인 마케팅 채널은 시간에 구애받지 않고 항상 운영되므로, 언제든지 고객에게 접근할 수 있다. 이는 특히 전자 상거래에서 유리하다.

- 유연성 및 신속한 조정이 가능하다.

온라인 마케팅은 상황에 따라 신속하게 조정이 가능하며, 새로운 트렌드나 시장 변화에 빠르게 대응할 수 있다.

둘째, 온라인 마케팅의 단점은 무엇인가?

- 경쟁이 치열하다.

인터넷의 접근성이 좋아짐에 따라, 거의 모든 기업이 온라인 마케팅을 활용하게 되었다. 이는 곧 치열한 경쟁을 의미하며, 눈에 띄기 위해 더 큰 노력과 비용이 필요하게 되었다.

- 보안 및 개인정보 문제

온라인 마케팅은 고객 데이터를 수집하고 활용하기 때문에, 데이터 유출이나 개인정보 침해와 같은 보안 문제가 발생할 수 있다. 이는 법적 문제와 신뢰도 하락으로 이어질 수 있다.

- 기술적 장애

기술적인 문제(웹사이트 다운, 서버 문제 등)는 온라인 마케팅 활동에 큰 지장을 줄 수 있다. 또한, 기술 트렌드 변화에 빠르게 대응하지 못하면 경쟁에서 뒤처질 수 있다.

- 광고 피로도

고객들은 하루에도 수많은 온라인 광고에 노출되기 때문에, 광고 피로감(ad fatigue)을 느낄 수 있다. 이는 광고에 대한 반응률을 떨어뜨리고, 브랜드 이미지에도 부정적인 영향을 미칠 수 있다.

- 부정확한 타겟팅

잘못된 데이터 분석이나 부정확한 타겟팅은 마케팅 자원을 낭비하게 하고, 고객에게 불필요한 광고를 제공하여 부정적인 인식을 심어줄 수 있다.

- 신뢰성 문제

온라인 마케팅의 익명성 때문에, 가짜 리뷰, 피싱 사이트 등 신뢰할 수 없는 정보가 많다. 이는 신뢰도에 영향을 미칠 수 있으며, 브랜드 이미지에 부정적인 영향을 줄 수 있다.

- 빠른 변화의 필요성

디지털 마케팅 환경은 매우 빠르게 변하고 있다. 새로운 플랫폼, 알고리즘 변경, 소비자 행동 변화 등에 빠르게 적응해야 하며, 지속적인 학습과 투자가 필요하다.

온라인 마케팅은 광범위한 도달 범위와 타겟팅 능력, 비용 효율성 등 많은 장점을 가지고 있지만, 경쟁 심화, 보안 문제, 기술적 장애 등 단점도 존재한다. 성공적인 온라인 마케팅 전략을 위해서는 장점을 최대한 활용하고, 단점을 최소화하는 노력이 필요하다. 이는 지속적인 모니터링, 분석, 그리고 신속한 대응을 통해 가능할 것이다.

다음은 온라인 시장의 특성은 어떤 것이 있는지 알아보자.

④ 온라인 시장의 특징

온라인 시장의 특징은 다양한 측면에서 전통적인 오프라인시장과 구별된다. 이러한 특징들은 디지털 환경에서 거래가 이루어지는 방식, 사용자 경험, 기술적 요구사항 등을 포함한다. 온라인 시장의 주요 특징은 위에서 언급한 장단점과 비슷하지만, 다시 살펴보자.

㉠ 글로벌 접근성이 가능하다.

인터넷을 통해 전 세계 어디서나 접근할 수 있어, 지리적으로 제약이 없고, 글로벌 시장을 대상으로 거래할 수 있다. 다양한 언어와 통화를 지원하여, 여러 국가의 소비자가 편리하게 이용할 수 있다.

㉡ 시장이 항상 열려 있다.

온라인 시장은 시간에 구애받지 않고 24시간 운영되므로, 언제든지 구매와 판매를 할 수 있다.

㉢ 자동화 시스템으로 비용을 절감한다.

자동화된 주문 처리, 결제, 고객 서비스 등으로 인력 의존도를 줄일 수 있다.

㉣ 편리한 정보를 쉽게 얻는다.

제품 설명, 리뷰, 평가, 비교 정보 등 구매에 필요한 다양한 정보를 쉽게 제공받을 수 있다. 원하는 제품이나 정보를 손쉽게 검색하고 접근할 수 있는 기능이 제공된다.

ⓜ 개인 맞춤형 쇼핑을 할 수 있다.

사용자 데이터 분석을 통해 개인 맞춤형 제품 추천과 광고를 제공하여, 고객의 구매 경험을 개선한다. 사용자는 자신의 계정을 통해 개인정보를 관리하고, 구매 기록, 선호도 등을 저장할 수 있다.

ⓑ 다양한 제품과 서비스를 한 곳에서 제공한다.

패션, 전자제품, 가전, 도서, 음식 등 다양한 제품과 서비스를 한 곳에서 제공한다. 특정 소규모 시장이나 독특한 제품을 대상으로 한 니치마켓(niche market 틈새시장)에도 접근할 수 있다.

ⓢ 빠른 결제와 배송 시스템

신용카드, 전자지갑, 은행 송금 등 다양한 결제 방식을 지원한다. 또한 당일 배송, 익일 배송 등 빠른 배송 옵션을 제공하여 소비자 만족도를 높인다.

ⓞ 풍부한 데이터를 활용하여 전략에 반영한다.

거래 데이터를 통해 소비자 행동, 선호도, 트렌드 등을 분석하여, 마케팅 전략을 최적화할 수 있다. 실시간으로 트래픽, 판매량, 재고 등을 모니터링하고, 즉각적으로 대응할 수 있다.

㉞ 상호작용 마케팅을 전개한다.

소셜 미디어를 통해 소비자와의 상호작용을 강화하고, 바이럴 마케팅 효과를 극대화할 수 있다. 정기적인 뉴스레터, 프로모션, 할인 정보 등을 통해 지속적인 고객 참여를 유도할 수 있다.

㉠ 안전하고 편리한 거래 환경을 제공한다.

SSL(인터넷에서 데이터를 안전하게 전송하기 위한 인터넷 통신 규약 프로토콜) 인증, 2단계 인증 등 다양한 보안 시스템을 통해 안전한 거래 환경을 제공한다. 또한 명확한 환급 및 반품 정책을 통해 소비자의 신뢰를 확보한다.

㉡ 다양한 기술적 요소가 존재한다.

모바일 친화적인 웹사이트와 앱을 통해, 스마트폰 사용자도 편리하게 이용할 수 있다. AI와 머신러닝 기술을 활용하여, 사용자 경험을 개인화하고, 효율성을 높일 수 있다.

㉢ 환경적 영향

물리적 매장이 필요 없거나 줄어들어, 건물 유지 비용과 에너지 소비가 감소할 수 있다. 전자책, 소프트웨어 등 디지털 제품의 증가로, 물리적 제품의 생산과 배송이 줄어든다.

　이처럼, 온라인 시장은 디지털 기술을 기반으로 한 다양한 특징을 가지고 있으며, 이는 전통적인 오프라인 시장과 차별화되는 요소들이다. 이러한 특징들은 소비자와 판매자 모두에게 새로운 기회를 제공하며, 현대 상거래의 중요한 부분을 차지하고 있다.

온라인 유통 채널의 종류

위에서 전자상거래와 오픈마켓에 대해 살펴봤다. 여기서는 주요 온라인 유통채널과 각각의 특성에 대해 알아보자. 각 채널은 고유한 특징과 장점이 있어, 다양한 소비자 요구와 시장 상황에 맞추어 사용된다.

① 오픈마켓 (Open Market)

오픈마켓(Open Market)은 여러 판매자가 같은 플랫폼을 이용하여 상품을 판매할 수 있는 온라인 마켓플레이스이다. 오픈마켓은 중개 플랫폼 역할을 하며, 판매자에게 판매 공간을 제공하고 구매자에게는 다양한 상품을 한 곳에서 비교하고 구매할 수 있는 편리함을 제공한다. 오픈마켓의 주요 특징, 장단점, 예시를 살펴보자.

오픈마켓의 특징은 무엇인가?

첫째, 다양한 판매자가 존재한다.
- 한 플랫폼에 다수의 판매자가 입점하여 상품을 판매한다.
- 다양한 카테고리와 브랜드의 상품을 한 곳에서 볼 수 있다.

둘째, 경쟁적 가격이 형성된다.
- 같은 상품을 여러 판매자가 판매하기 때문에, 소비자는 쉽게 가격을 비교할 수 있다.
- 판매자 간의 경쟁으로 인해 다양한 할인과 프로모션이 자주 제공되며, 가격 경쟁이 심해진다.

셋째, 소비자들이 구매한 상품에 대해 리뷰와 평점을 남길 수 있다.
- 다른 소비자들의 리뷰를 통해 상품과 판매자의 신뢰도를 판단할 수 있다.

넷째, 수수료가 있다.

- 플랫폼은 판매자로부터 일정액의 수수료를 받는다. 이 수수료는 보통 판매 금액의 일정 비율이다.
- 광고, 프리미엄 리스트 등의 부가 서비스도 제공한다.

다섯째, 편리한 결제와 배송 시스템이다.

- 신용카드, 전자지갑, 계좌이체 등 다양한 결제 방식을 지원한다.
- 플랫폼에서 통합 배송 서비스를 제공하여 편리함을 높인다.

여섯째, 상품 등록이 쉬우며, 많은 소비자에게 노출할 수 있다.

그러나 진입 장벽이 낮아서 판매자 간 경쟁이 치열하고 광고 없이 상품 상위 노출이 어렵다는 단점이 있다.

오픈마켓은 온라인 유통 중에서 거래액이 가장 많으며 가장 대중적인 채널이다. 오픈마켓의 입점 방법으로는 오픈마켓 홈페이지에서 판매자 등록을 하고 심사가 통과 되면 상품을 등록하여 판매를 시작하면 된다. 상품 등록 방식이라 입점이 쉽다.

오픈마켓의 장점은 무엇인가?

첫째, 폭넓은 선택이 가능함

소비자는 많은 판매자가 제공하는 다양한 상품을 비교하고 선택할 수 있다.

둘째, 편리성

한 곳에서 여러 카테고리의 상품을 쉽게 찾아볼 수 있어 쇼핑이 편리하다.

셋째, 경쟁력 있는 가격

다수의 판매자가 경쟁하기 때문에 가격이 상대적으로 낮아질 수 있다.

넷째, 신뢰성

리뷰와 평점 시스템을 통해 판매자와 상품의 신뢰도를 확인할 수 있다.

다섯째, 마케팅 지원

플랫폼이 제공하는 마케팅 도구와 프로모션을 활용해 판매를 촉진할 수 있다.

오픈마켓의 단점은 무엇일까?

첫째, 품질관리의 어려움

다양한 판매자가 입점해 있어, 상품 품질과 서비스 수준이 일정하지 않을 수 있다.

둘째, 높은 경쟁의 발생

많은 판매자가 경쟁하기 때문에, 눈에 띄기 위해 지속적인 마케팅 노력이 필요하다.

셋째, 수수료의 부담

판매 수수료가 발생하여, 이윤이 줄어들 수 있다.

넷째, 높은 의존성

플랫폼에 대한 의존도가 높아, 플랫폼의 정책 변화나 수수료 인상에 영향을 받을 수 있다.

오픈마켓의 종류를 살펴보자.

• 아마존 마켓플레이스 (Amazon Marketplace)

세계 최대의 대표적 오픈마켓이며 다양한 카테고리의 상품을 판매한다. 글로벌 접근성과 편리한 결제 및 배송 시스템을 제공하고 있으며, 유료 멤버십프로그램을 활용해 회원들에게 무료로 빠른 배송, 스트리밍 서비스 등 다양한 혜택을 제공하고 있다.

- 이베이 (eBay)

경매 방식과 고정 가격 방식의 두 가지 판매 방식을 제공하는 오픈마켓이다. 다양한 상품 카테고리를 다루며, 특히 중고품과 희귀 아이템 거래에 강점이 있다.

- 쿠팡 마켓플레이스 (Coupang Marketplace)

한국의 대표적인 오픈마켓으로, 로켓배송 등의 빠른 배송 서비스를 제공한다. 다양한 카테고리의 상품을 판매하며, 경쟁력 있는 가격을 제공한다.

- 네이버 스마트스토어

한국의 대표적인 B2C 오픈마켓이며, 네이버 검색과 연계되어 높은 트래픽과 노출을 보장한다. 판매자가 손쉽게 온라인 상점을 개설하고 운영할 수 있도록 다양한 도구와 서비스를 제공하고 있으며, Naver Pay의 간편 결제 시스템으로 구매자에게 편리한 결제 시스템을 제공한다.

- 엣시 (Etsy)

전문 상품을 취급하는 오픈마켓이며, 주로 수공예품, 빈티지 아이템, 독특한 공예품을 판매하는 플랫폼이다. 소규모 창작자와 아티스트들에게 적합한 플랫폼으로 독립적인 크리에이터가 자신만의 상점을 운영할 수 있다.

- 알리익스프레스 (AliExpress)

대표적 글로벌 오픈마켓이며, 중국의 대형 전자상거래 기업인 알리바바 그룹이 운영한다. 전 세계의 구매자에게 저렴한 가격에 다양한 상품을 제공하고 있으며 중국의 소규모 판매자들이 국제적으로 상품을 판매한다.

- 라쿠텐 (Rakuten)

일본의 대표적인 B2C 오픈마켓이다. 다양한 상품 카테고리를 다루며, 전자제품, 패션, 생활용품 등이 주력이다.

오픈마켓은 소비자에게는 다양한 선택지를 제공하고, 판매자에게는 넓은 시장 접근성을 제공하는 효율적인 온라인 유통채널이다. 다양한 장점 덕분에 많은 소비자와 판매자가 오픈마켓을 이용하고 있으며, 이는 전자 상거래의 중요한 부분을 차지하고 있다.

② 소셜커머스 (Social Commerce)

소셜커머스(Social Commerce)는 소셜 미디어 플랫폼을 통해 상품과 서비스를 판매하고, 소비자와 상호작용하는 전자 상거래의 한 형태이다. 소셜커머스는 소비자 간의 네트워킹과 공유, 추천 기능을 활용하여 상품을 홍보하고 판매를 촉진한다. 소셜커머스의 주요 특징과 예시를 살펴보자.

소셜커머스의 특징은 무엇인가?

첫째, 소셜네트워크의 활용

Facebook, Instagram, Pinterest 등의 소셜 미디어와 통합되어 사용자들이 쉽게 상품을 공유하고 추천할 수 있다. 사용자 간의 상호작용을 통해 제품에 대한 신뢰를 구축하고, 입소문을 통해 홍보 효과를 극대화한다.

둘째, 사용자 생성콘텐츠(UGC)의 활용

사용자 리뷰, 추천 글, 사용 후기 등이 구매 결정에 큰 영향을 미친다. 소비자가 직접 찍은 사진, 동영상 등을 통해 상품을 소개하고 공유한다. 인플루언서 마케팅을 통해 제품을 홍보하고 판매 촉진한다.

셋째, 실시간 상호작용

실시간 방송을 통해 상품을 시연하고, 실시간으로 소비자와 소통하며 판매를 진행한다. 게시물에 댓글을 달거나 채팅을 통해 판매자와 직접 소통할 수 있다.

넷째, 맞춤형 광고와 추천

소셜 미디어 플랫폼의 데이터를 분석하여 개인 맞춤형 광고와 제품 추천을 제공한다. 사용자의 관심사, 행동 패턴 등을 기반으로 정교한 타겟팅 광고를 실행한다.

다섯째, 직접 구매 기능

인스타그램 쇼핑 태그, 페이스북 샵 등의 기능을 통해 구매자가 소셜 미디어 플랫폼 내에서 직접 구매할 수 있다. 소셜 미디어 플랫폼에서 바로 결제할 수 있도록 결제 시스템이 통합되어 있다.

소셜커머스의 예시를 살펴보면
첫째, 페이스북 쇼핑(Facebook Shops)이 있다.
브랜드가 페이스북 페이지에 쇼핑 탭을 추가하여 상품을 전시하고 판매한다. 제품 카탈로그를 통해 다양한 상품을 손쉽게 탐색하고 구매할 수 있다.

둘째, 인스타그램 쇼핑 (Instagram Shopping)

게시물과 스토리에 쇼핑 태그를 추가하여 구매자가 직접 상품을 클릭하고 구매할 수 있다. 브랜드의 인스타그램 프로필에 샵 탭을 추가하여 모든 상품을 한곳에서 볼 수 있다.

셋째. 핀터레스트 쇼핑 (Pinterest Shopping)

이미지에 쇼핑 링크를 추가하여 구매자가 핀을 클릭하면 바로 상품 페이지로 이동할 수 있다. 구매자의 관심사에 맞춘 맞춤형 상품 추천 기능을 제공한다.

넷째, 틱톡 쇼핑 (TikTok Shopping)

동영상에 쇼핑 링크를 추가하여 구매자가 직접 상품 페이지로 이동해 구매할 수 있다. 라이브 스트리밍 중에 실시간으로 상품을 판매하고, 시청자와 상호작용한다.

③ 종합쇼핑몰 (Online Shopping Mall)

종합쇼핑몰(Online Shopping Mall)은 다양한 카테고리의 상품을 한 곳에서 판매하는 대규모 온라인 플랫폼이다. 여러 브랜드와 판매자가 입점하여 다양한 제품을 제공하며, 소비자에게 원스톱 쇼핑 경험을 제공한다.

종합쇼핑몰의 특징은 백화점에서 판매하는 브랜드 상품이나 프리미엄 상품이 많이 입점해 있고 고객 또한 수준이 높은 편이다. 카테고리당 입점 상품의 수가 오픈마켓 대비 상대적으로 적다. 종합쇼핑몰에서 잘 팔리는 상품이 있지만 오픈마켓이나 소셜커머스에서도 잘 팔리는 상품이 있다. 또한 다수의 충성고객을 확보하고 있으며, 브랜드 및 프리미엄 상품을 많이 취급한다. 종합쇼핑몰의 주요 특징, 장단점, 예시를 살펴보자.

종합쇼핑몰의 특징은 무엇일까?

첫째, 다양한 상품군을 판매한다.

패션, 전자제품, 가전, 식품, 생활용품, 미용, 건강 등 다양한 카테고리의 상품을 판매한다. 여러 브랜드와 판매자가 입점하여 폭넓은 상품을 제공한다.

둘째, 편리한 검색과 탐색 기능이 있다.

강력한 검색 기능을 통해 소비자가 원하는 상품을 쉽게 찾을 수 있다. 체계적인 카테고리 분류와 필터 기능으로 상품 탐색이 쉽다.

셋째, 통합된 쇼핑 경험을 제공한다.

다양한 브랜드와 판매자의 상품을 하나의 장바구니에 담아 한 번에 결제할 수 있다. 여러 판매자의 상품을 하나의 배송으로 받을 수 있는 통합 배송 서비스를 제공한다.

넷째, 프로모션과 다양한 할인을 한다.

시즌별, 행사별 다양한 할인 이벤트와 프로모션을 진행한다. 쿠폰, 포인트 적립 등 다양한 혜택을 제공한다.

다섯째, 좋은 고객 서비스가 제공된다.

주문, 배송, 반품, 환급 등 전 과정에 대한 고객 지원 서비스를 제공한다. 상품 리뷰와 평점을 통해 소비자 경험을 공유하고, 신뢰도를 높일 수 있다.

종합쇼핑몰의 장점은 무엇일까?

첫째, 편리성이다.

한 곳에서 다양한 카테고리의 상품을 찾아보고 구매할 수 있어 쇼핑이 매우 편리하다.

둘째, 광범위한 선택이 가능하다.

다양한 브랜드와 판매자의 상품을 제공하여, 소비자가 폭넓은 선택지를 가질 수 있다.

셋째, 경쟁력 있는 가격을 제공한다.

대규모 쇼핑몰이기 때문에 다양한 할인과 프로모션을 통해 경쟁력 있는 가격을 제공한다.

넷째, 신뢰성이 높다.

유명 브랜드와 인증된 판매자가 입점하여 신뢰할 수 있는 상품을 제공한다.

다섯째, 원스톱 쇼핑이 가능하다.

여러 상품을 한 번에 구매하고 결제, 배송을 통합적으로 처리할 수 있다.

종합쇼핑몰의 단점은 무엇인가?

첫째, 경쟁이 치열하다.

많은 판매자가 입점해 있어 상품이 많고, 경쟁이 치열해 눈에 띄기 어렵다.

둘째, 수수료 부담이 있다.

판매자는 플랫폼에 일정액의 수수료를 지급해야 하며, 이는 상품가격에 반영될 수 있다.

셋째, 품질관리의 어려움이 있다.

다양한 판매자가 입점해 있어 상품의 품질과 서비스 수준이 일정하지 않을 수 있다.

넷째, 의존성의 문제점이 있다.

판매자로서 종합쇼핑몰에 의존하게 되면, 플랫폼의 정책 변화나 수수료 인상에 영향을 받을 수 있다.

종합쇼핑몰은 대기업이 주로 운영하는데 예를 들면 롯데닷컴, 현대 몰, GS SHOP, CJ몰, 신세계몰 등이 있다. 각 쇼핑몰의 내용을 살펴보면

첫째, 롯데닷컴

롯데그룹이 운영하는 온라인 쇼핑몰로, 다양한 카테고리의 상품을 판매한다. 롯데 멤버스와 연계된 포인트 시스템을 이용하여 소비자들이 쉽게 포인트를 적립하고 사용할 수 있다. 실시간 배송 서비스와 다양한 프로모션이 강점이다.

둘째, 현대 몰

현대백화점 그룹이 운영하며, 고급 브랜드 상품을 중심으로 다양한 상품을 제공한다. 프리미엄 쇼핑 경험을 중시하며, 온라인과 오프라인 통합 서비스에 강점이 있다. 독점 브랜드와 한정 상

품을 자주 선보인다.

셋째, GS SHOP

GS홈쇼핑이 운영하는 쇼핑몰로, TV 홈쇼핑과의 연계가 두드러진다. 생활용품, 패션, 뷰티 등 다양한 카테고리의 상품을 제공한다. 고객 맞춤형 서비스와 빠른 배송 시스템이 특징이다.

넷째, CJ몰

CJ그룹이 운영하며, 다양한 카테고리의 상품을 제공한다. CJ ONE 포인트 시스템을 통해 소비자들에게 포인트 적립 및 혜택을 제공한다. 식품, 건강 및 뷰티 카테고리에 강점이 있다.

다섯째, 신세계몰

신세계그룹이 운영하며, 프리미엄 상품과 다양한 브랜드를 제공한다. 신세계백화점과의 연계로 고급스러운 쇼핑 경험을 제공한다. 온라인 전용 할인 및 프로모션을 통해 고객 유치를 강화하고 있다.

종합쇼핑몰은 소비자에게는 편리한 쇼핑 경험을 제공하고, 판매자에게는 넓은 시장 접근성을 제공하는 중요한 온라인 유통채널이다. 종합쇼핑몰을 통해 소비자는 다양한 상품을 한 곳에서 쉽게 비교하고 구매할 수 있으며, 판매자는 더 많은 소비자에게 접근할 수 있다.

④ 홈쇼핑 (Home Shopping)

홈쇼핑(Home Shopping)은 TV, 인터넷 방송, 모바일 애플리케이션 등을 통해 상품을 소개하고 판매하는 방식의 전자 상거래를 의미한다. 홈쇼핑은 방송을 통해 상품을 시연하고, 실시간으로 소비자와 소통하며 구매를 유도하는 것이 특징이다. 소비자는 방송을 보면서 전화나 인터넷을 통해 상품을 주문할 수 있다. 홈쇼핑의 주요 특징, 장단점, 예시를 포함해 살펴보자.

홈쇼핑의 특징은 무엇인가?

첫째, 실시간 방송을 통해 제품을 판매한다.

라이브 방송을 통해 상품의 사용법과 특징을 실시간으로 시연하여 소비자가 상품을 더 잘 이해할 수 있도록 한다.

방송 중에 소비자와 실시간으로 소통하며, 질문에 답변하고 피드백을 받을 수 있다.

둘째, 다양한 상품군을 판매한다.

패션, 뷰티, 전자제품, 가전, 식품 등 다양한 카테고리의 상품을 판매한다. 신제품 홍보 및 판매, 독점 상품, 한정판 상품 등을 방송으로 소개한다.

셋째, 편리한 주문 방식이다.

방송을 보면서 전화로 쉽게 주문할 수 있다. 인터넷이나 모바일 애플리케이션을 통해 간편하게 온라인으로도 주문할 수 있다.

넷째, 프로모션의 혜택이다.

방송 중에 특별 할인, 한정 수량 판매, 사은품 증정 등의 다양한 프로모션을 진행한다. 고가 상품의 경우 무이자 할부 결제 옵션을 제공한다.

다섯째, 전문적인 고객 서비스를 한다.

전문 상담원이 구매, 배송, 반품 등 다양한 문의에 응대한다. 정해진 기간 내에 교환 및 반품을 할 수 있어, 소비자가 안심하고 구매할 수 있다.

홈쇼핑의 장점은 무엇인가?

첫째, 상세한 제품 설명을 해준다.

방송을 통해 제품의 기능, 사용법, 장점을 상세히 설명하여 소비자가 상품을 잘 이해할 수 있다.

둘째, 편리한 쇼핑 경험 제공한다.

집에서 편안하게 방송을 보며 쇼핑할 수 있어 시간과 장소의 제약이 없다.

셋째, 실시간 소통이 가능하다.

실시간으로 질문을 하고 답변을 받을 수 있어, 궁금증을 바로 해결할 수 있다.

넷째, 다양한 프로모션을 제공한다.

방송 중에만 제공되는 특별 할인, 사은품 증정 등의 혜택을 받을 수 있다.

다섯째, 높은 신뢰성이 있다.

유명 쇼핑 채널의 경우 신뢰성이 높아, 품질에 대한 신뢰를 바탕으로 소비자는 안심하고 구매할 수 있다.

홈쇼핑의 단점은 무엇인가?

첫째, 충동구매를 유도한다.

방송 중의 프로모션과 판매기법이 소비자의 충동구매를 유도할 수 있다.

둘째, 시간의 제한이 있다.

특정 시간에 방송되는 상품만을 구매할 수 있어, 원하는 시간에 쇼핑하는 데 제약이 있을 수 있다.

셋째, 정보가 제한된다.

방송 시간의 제약으로 인해 모든 정보를 제공하기 어려워, 소비자가 충분히 고려하지 않고 구매할 수 있다.

넷째, 고객 지원이 원활하지 않을 수 있다.

주문량이 많으면 고객 서비스의 응답이 지연되거나, 배송이 늦어질 수 있다.

다섯째, 반품과 교환이 번거롭다.

방송을 보고 바로 구매하므로, 실제 제품이 기대에 미치지 못하면 반품이나 교환이 번거로울 수 있다.

홈쇼핑의 대표 채널과 예시를 살펴보면

첫째, GS 홈쇼핑(GS Shop)

한국의 대표적인 홈쇼핑 채널로, 다양한 카테고리의 상품을 방송으로 판매한다. TV 방송뿐만 아니라 인터넷과 모바일 애플리케이션을 통해서도 쇼핑할 수 있다.

둘째, CJ 온스타일 (CJ ONSTYLE)

패션, 뷰티, 전자제품 등 다양한 상품을 판매하며, 고객 맞춤형 방송을 제공한다. TV와 온라인, 모바일을 통한 다채널 쇼핑 경험을 제공한다.

셋째, 롯데홈쇼핑 (Lotte Home Shopping)

가전, 식품, 생활용품 등 다양한 상품을 제공하며, 특별한 할인과 프로모션을 진행한다. 모바일 애플리케이션을 통해 더욱 편리한 쇼핑을 제공한다.

넷째, QVC

미국의 대표적인 홈쇼핑 채널로, 전 세계적으로 방송을 통해 다양한 상품을 판매한다. 실시간 방송과 온라인 쇼핑을 통해 글로벌 고객에게 접근한다.

홈쇼핑은 실시간 방송을 통해 상품을 시연하고 소비자와 소통하며 판매하는 방식으로, 편리하고 상세한 제품 설명을 제공하여 많은 소비자에게 인기를 끌고 있다. 다양한 상품군과 프로모션, 편리한 주문 방식 등으로 소비자의 쇼핑 경험을 향상하는 한편, 충동구매 유도와 같은 단점도 존재한다. 홈쇼핑은 계속해서 발전하며, TV 외에도 인터넷과 모바일을 통해 더욱 다양하고 편리한 쇼핑 경험을 제공하고 있다.

⑤ 브랜드 자체 온라인 스토어 (Brand-owned Online Store)

브랜드 자체 온라인 스토어는 특정 브랜드가 직접 운영하는 공식 온라인 판매 채널이다. 이를 통해 브랜드는 직접 소비자에게 판매한다.

브랜드 자체 온라인 스토어의 특징으로는

첫째, 브랜드가 가격, 프로모션, 고객 서비스를 직접 관리한다.

둘째, 다른 채널에서 구할 수 없는 독점 상품을 제공한다.

셋째, 고객 데이터를 직접 수집하고 분석하여 마케팅 전략을 최적화할 수 있다.

브랜드 자체 온라인 스토어의 대표 채널을 보면

애플 공식 스토어 (Apple Online Store)

나이키 공식 스토어 (Nike.com)

삼성전자 온라인 스토어 등이 있다.

⑥ 딜 사이트 (Daily Deal Sites)

딜 사이트는 특정 기간에 대폭 할인하는 상품을 소개하고 판매하는 플랫폼이다. 주로 하루나 며칠 동안 한정된 시간에만 할인된 가격으로 상품을 제공한다.

딜 사이트의 특징으로는

첫째, 한정된 시간 동안만 할인을 제공하여 즉각적인 구매를 유도한다.

둘째, 일반적인 할인보다 큰 폭의 할인을 제공하여 가격 민감도가 높은 소비자를 유인한다.

셋째, 매일 다른 상품을 제공하여 소비자에게 새로운 경험을 제공한다.

딜 사이트의 채널을 보면

그루폰 (Groupon), 티몬 (Tmon), 위메프 (Wemakeprice)등이 있다.

⑦ 구독 서비스 (Subscription Services)

구독 서비스는 소비자가 정기적으로 일정 금액을 지급하고 상품이나 서비스를 제공받는 방식이다. 디지털 콘텐츠, 식품, 화장품 등 다양한 분야에서 활용된다.

구독 서비스의 특징으로는

첫째, 정해진 주기마다 상품이나 서비스를 정기적으로 제공하여 지속적인 이용을 유도한다.

둘째, 소비자의 취향이나 필요에 맞춘 맞춤형 상품이나 서비스를 제공한다.

셋째, 정기적인 이용을 통해 높은 고객 충성도를 유지할 수 있다.

구독 서비스의 예시로는

넷플릭스 (Netflix), 스포티파이 (Spotify), 헬로 네이처 (Hello Nature) 등이 있다.

위와 같이, 다양한 온라인 유통채널은 각기 다른 특징과 강점이 있어, 기업과 소비자 모두에게 다양한 선택지를 제공한다. 각 채널을 적절히 활용함으로써 기업은 시장에 효과적으로 접근하고, 소비자는 다양한 쇼핑 경험을 누릴 수 있다.

SNS의 종류와 최근 트렌드

① SNS의 종류

첫째, 페이스북(Facebook)

사용자들이 글, 사진, 동영상 등을 공유하고 친구들과 소통할 수 있는 플랫폼이다. 다양한 그룹 기능과 이벤트 관리 기능도 제공한다.

둘째, 인스타그램(Instagram)

주로 사진과 짧은 동영상을 공유하는 플랫폼으로, 해시태그(#)

를 통해 콘텐츠를 쉽게 검색하고 팔로우할 수 있다. 인스타그램 스토리 기능을 통해 24시간 후 자동으로 사라지는 게시물 공유가 가능하다. 요즘 젊은이들이 가장 많이 활용하는 SNS이며, 그 인기 비결의 하나는 필터 기능이 있어 찍은 사진을 보정 하여 예쁘게 올릴 수 있다는 점이다. 자신을 예쁘게 보이고, 돋보이게 표현할 수 있기 때문이다.

셋째, 유튜브

2005년에 설립되어 2006년 구글에 인수된 이후 꾸준히 성장해 왔다. 유튜브(YouTube)는 전 세계적으로 가장 인기 있는 동영상 공유 플랫폼 중 하나이며, 다양한 연령대와 관심사를 가진 사용자들이 활발히 이용하는 플랫폼으로 자리 잡고 있다. 사용자는 자신의 채널을 만들어 동영상을 업로드하고, 이를 전 세계의 시청자들과 공유할 수 있다. 다양한 형식의 동영상을 지원하며, 길이와 내용에 제한이 거의 없다. 수십억 개의 동영상이 저장되어 있으며, 키워드 검색을 통해 원하는 동영상을 쉽게 찾을 수 있다. 추천 알고리즘을 통해 사용자의 시청 기록과 선호도에 맞춘 동영상을 추천받을 수 있다. 또한 실시간으로 동영상을 스트리밍하여 시청자들과 실시간 소통할 수 있다. 크리에이터는 구글 애드센스를 통해 광고 이익을 얻을 수 있으며, 슈퍼챗, 채널 멤버십, 스폰서십 등을 통해 추가적인 수익 창출이 가능하다.

넷째, 트위터(Twitter)

280자 이내의 짧은 글(트윗)을 통해 소통하는 플랫폼으로, 실시간 뉴스와 트렌드를 빠르게 확인할 수 있다. 해시태그(#)와 멘션(@) 기능을 통해 다양한 주제로 토론할 수 있다.

다섯째, 틱톡(TikTok)

짧은 동영상(보통 15초에서 60초)을 공유하는 플랫폼으로, 음악과 다양한 효과를 활용해 창의적인 콘텐츠를 제작할 수 있다. 챌린지와 트렌드 음악을 중심으로 한 콘텐츠가 인기 있다.

여섯째, 링크드인(Linkedin)

주로 비즈니스 및 직업 네트워킹에 특화된 SNS로, 경력 관리, 구직, 네트워킹에 유용하다. 전문적 인맥 형성과 비즈니스 관련 콘텐츠 공유에 강점이 있다.

일곱째, 핀터레스트(Pinterest)

이미지와 아이디어를 공유하는 플랫폼으로, 사용자들이 관심사를 기반으로 '핀'을 모아 자신의 보드에 저장할 수 있다. 주로

DIY, 요리, 패션, 인테리어 등 다양한 아이디어를 찾는 데 활용된다.

여덟째, 밴드(BAND)

네이버와 자회사인 캠프모바일(Camp Mobile)에서 개발하고 2012년 출시되었다. 커뮤니티 기반의 소셜 네트워크 서비스로 그룹 활동과 소통에 중점을 둔 플랫폼이다. 취미나 관심사를 공유하는 사람들끼리 모여 동호회를 운영하거나 정기 모임을 계획하는 데 사용된다.

아홉째, 카카오톡

카카오(Kakao)는 대한민국의 대표적인 IT 기업으로, 다양한 모바일 및 인터넷 서비스를 제공하는 기업이다. 2010년에 카카오톡(KakaoTalk)이라는 메신저 서비스를 출시하면서 급성장하였고, 현재는 메신저뿐만 아니라 다양한 분야에서 사업을 확장하고 있다. 카카오톡은 대한민국 거의 전 국민이 사용하는 모바일 메신저 앱으로, 문자 메시지, 음성 통화, 영상 통화, 사진 또는 파일 전송 등 다양한 기능을 제공한다. 그룹 채팅, 이모티콘, 멀티미디어 메시지 전달 기능을 통해 사용자들이 쉽게 소통한다.

② SNS 최근 트렌드를 살펴보면

첫째, 숏폼 동영상이 유행한다.

틱톡을 시작으로 인스타그램의 릴스(Reels), 유튜브의 쇼츠(Shorts) 등 짧은 동영상 콘텐츠가 큰 인기를 끌고 있다. 짧고 강렬한 콘텐츠를 선호하는 젊은이들이 많이 시청한다.

둘째, 개인화된 콘텐츠를 제공한다.

알고리즘이 사용자 개개인의 취향에 맞춘 콘텐츠를 제공한다. 인스타그램, 틱톡 등의 플랫폼은 사용자 행동 데이터를 분석해 맞춤형 피드(사용자에게 자주 업데이트되는 콘텐츠를 제공)를 제공한다.

셋째, 인플루언서 마케팅이 보편화되었다.

SNS를 통해 영향력 있는 개인(인플루언서)들이 브랜드와 협업하여 제품을 홍보하는 방식이 더욱 보편화되고 있다. 특히 마이크로 인플루언서(팔로워 수가 상대적으로 적지만 높은 참여율이 있는 사용자)의 중요성이 강조되고 있다.

넷째, 라이브 스트리밍을 많이 한다.

실시간으로 방송을 진행하고 시청자와 소통하는 라이브 스트리밍이 다양한 플랫폼에서 활발히 사용되고 있다. 인스타그램 라이브, 페이스북 라이브, 유튜브 라이브 등이 대표적이다. 라이브는 시공간을 초월해 몰입도를 줄 수 있고 누구나 편하게 볼 수 있어 점점 인기가 높아지고 있다. 또한 마케팅 차원에서 적은 비용 대비 높은 광고 효과를 낼 수 있어서 개인뿐만 아니라 기업에서도 관심이 높다.

다섯째, AR(Augmented Reality 증강현실)과 VR(Virtual Reality 가상현실)의 활용이다.

인스타그램과 스냅챗에서 AR 필터를 활용한 콘텐츠가 인기를 끌고 있으며, VR을 활용한 가상 이벤트와 쇼핑 경험도 증가하고 있다.

여섯째, 소셜커머스의 확대

SNS 플랫폼 내에서 직접 제품을 구매할 수 있는 기능이 강화되고 있다. 인스타그램 쇼핑, 페이스북 마켓플레이스 등이 대표적이다.

이러한 트렌드들은 SNS가 단순한 소통 도구를 넘어 다양한 방식으로 사용자 경험을 확장하고 있음을 보여준다.

온라인 유통
실전 판매기법

온라인 유통의 실전 판매기법은 다양한 디지털 마케팅 전략과 전자상거래 기술을 활용하여 제품이나 서비스를 효과적으로 판매하고, 고객 경험을 향상하는 것을 목표로 한다. 목표는 결국 상품의 노출과 구매로의 전환인데, 상품 노출은 마케팅과 광고이며, 구매 전환은 상품이 가지는 속성의 우수성이 고객을 얼마나 설득하느냐와 연결된다.

① 검색 엔진 최적화(SEO)

검색엔진 최적화(SEO, Search Engine Optimization)는

검색엔진에서 웹사이트의 가시성을 높이기 위해 웹사이트와 그 콘텐츠를 최적화하는 과정이다. 높은 검색 순위에 오르도록 하는 일련의 기법과 전략을 말한다. SEO는 온라인 유통에서 중요한 역할을 하며, 이를 통해 검색 트래픽을 증가시키고 잠재 고객을 유입시킬 수 있다.

검색엔진 최적화 과정을 간단히 설명하면

첫째, 목표 키워드 선택

고객이 검색할 가능성이 높은 단어와 구문을 찾아내고, 이를 목표 키워드로 설정한다.

둘째, 도구 활용

구글 키워드 플래너(Google Keyword Planner), Ahrefs, SEMrush 등의 도구를 사용해 키워드의 검색량, 경쟁 정도 등을 분석한다.

셋째, 콘텐츠의 최적화

고품질의 블로그 글, 제품 설명, 고객 리뷰 등을 통해 검색엔진에서 상위에 노출될 수 있도록 최적화한다. 제목, 부제목, 본문, 메타 설명(meta description), URL 등에 키워드를 적절히 포함하고, 콘텐츠 길이, 정보의 깊이, 가독성 등을 고려한다.

넷째, 백링크 구축

신뢰할 수 있는 외부 사이트로부터 링크를 얻어 검색엔진 순위
를 높인다.

② 콘텐츠 마케팅

SNS를 통한 영업력 증대를 위해서는 효과적인 콘텐츠 마케팅
전략이 필요하다. 콘텐츠 마케팅은 메시지를 전달하고자 하는 고
객에게 가치 있는 콘텐츠를 제공하여 그들의 관심을 끌고, 브랜
드 인지도를 높이며, 궁극적으로는 판매를 촉진하는 것을 목표로
한다. 다음은 콘텐츠 제작과 배포에 대한 자세한 설명이다.

첫째, 타겟 고객을 분석한다.

제품이나 서비스의 주요 소비자그룹을 판별하고 그들의 니즈,
관심사, 문제점을 이해하는 과정이며, 고객에게 가장 관련성 높
은 콘텐츠를 제작하기 위해 GoogleAnalytics, 소셜미디어 인사이
트, 설문조사 등을 활용한다.

둘째, 콘텐츠 주제를 선정한다.

타겟 고객이 관심을 가질 만한 주제를 정하는 단계이다. 고객의 관심을 끌고 참여를 유도하기 위해 키워드 리서치, 트렌드 분석, 경쟁사 분석 등을 한다.

셋째, 콘텐츠 유형을 결정한다.

블로그는 심도 있는 정보제공 및 SEO(검색엔진 최적화)에 유리하고 영상 콘텐츠는 시각적이고 높은 참여도를 유발할 수 있다. 인포그래픽은 복잡한 정보를 시각적으로 표현하여 이해하기 쉽게 표현할 수 있으며, 소셜 미디어는 짧고 간결하여 즉각적인 반응을 유도한다.

이메일 뉴스레터는 구독자에게 직접적인 커뮤니케이션을 제공한다.

넷째, 콘텐츠 캘린더를 작성한다.

콘텐츠 제작 및 배포 일정을 계획하고 관리하는 것이다. 캘린더를 작성함으로써 콘텐츠의 일관성을 유지하고 체계적인 콘텐츠 마케팅 활동을 할 수 있다. 그 내용은 게시물 주제, 작성자, 게시 일자, 배포 채널 등이 있다.

다섯째, 콘텐츠 제작 팁

콘텐츠는 고객에게 실제로 도움이 되는 가치 있는 정보를 제공해야 한다. 모든 콘텐츠는 브랜드의 목소리와 스타일을 일관되게 하여 브랜드의 일관성을 유지해야 한다. 그리고 이미지, 비디오, 그래픽 등 시각적 요소를 활용하여 주목도를 높여야 한다. 또한 스토리텔링을 이용해 감정적으로 연결되는 이야기로 고객을 끌어들여야 한다. 그리고 중요한 것은 검색엔진에서 쉽게 찾을 수 있도록 키워드와 메타 태그 최적화를 통한 검색엔진을 최적화해야 한다.

콘텐츠가 제작되고 그다음 단계는 콘텐츠 배포 전략이다. 배포 전략의 순서를 살펴보면

첫째, 소셜 미디어 플랫폼을 선택한다.

타겟 고객군이 가장 많이 사용하는 소셜 미디어 채널을 선택한다. 이것은 고객과의 효과적인 커뮤니케이션 및 참여 증대를 하기 위함이다. 주요 플랫폼으로는 Facebook, Instagram, Twitter, LinkedIn, TikTok 등이 있다.

둘째, 게시물 스케줄 잡기

적절한 시간에 게시물을 자동으로 배포하는 것이다. 이는 최대

한 많은 고객에게 도달하고 접촉하기 위해서이다.

셋째, 유료 광고 활용

소셜 미디어를 통해 더 많은 고객에게 전달하고, 더 넓은 범위의 고객을 타겟팅하여 광고한다. 그 방법으로는 Facebook Ads, Instagram Ads, LinkedIn Ads 등을 활용한다.

넷째, 인플루언서와 협업

팔로워가 많은 인플루언서와 협력하여 콘텐츠를 제작 및 배포하면 브랜드 인지도를 높이고 신뢰성을 확보할 수 있다. 제품 리뷰, 공동 이벤트, 스폰서십 콘텐츠 등의 방법으로 협업한다.

콘텐츠 마케팅은 장기적인 전략으로, 지속적인 노력과 분석이 필요하다. 타겟 고객의 피드백을 바탕으로 콘텐츠를 꾸준히 개선하고, 변화하는 트렌드와 니즈에 맞춰 전략을 조정하는 것이 중요하다.

③ 소셜 미디어 마케팅

소셜 미디어 마케팅(Social Media Marketing)은 소셜 미디어 플랫폼을 활용하여 브랜드를 홍보하고, 제품을 판매하며, 고객과의 소통을 강화하는 마케팅 전략이다. 이를 통해 브랜드 인지도를 높이고, 고객 참여를 유도하며, 궁극적으로 매출을 증대시킬 수 있다.

첫째, 페이스북(Facebook)을 활용한 마케팅

페이스북은 다양한 연령층이 사용하는 플랫폼으로, 페이지, 그룹, 이벤트 기능을 활용할 수 있다. 페이지 운영을 통해 브랜드를 홍보하고, 타겟 광고를 통해 특정 사용자 그룹에 제품을 노출한다.

둘째, 인스타그램(Instagram)

인스타그램은 주로 젊은 층이 사용하는 시각 중심의 플랫폼으로, 사진과 동영상 콘텐츠가 중요하다. 인플루언서 마케팅, 스토리, 릴스(Reels) 등을 활용하여 시각적으로 매력적인 콘텐츠를 제작한다.

셋째, 트위터(Twitter)

실시간 소통과 트렌드에 민감한 플랫폼으로, 짧은 메시지 형식의 콘텐츠가 주를 이룬다. 트렌디한 주제에 빠르게 반응하고, 해시태그 캠페인을 통해 참여를 유도한다.

넷째, 링크드인(LinkedIn)

비즈니스 중심의 네트워킹 플랫폼으로, 전문적인 콘텐츠와 B2B 마케팅에 적합하다. 업계 뉴스, 전문가 인사이트, 회사 소식을 공유하고, 링크드인 광고를 통해 B2B 고객을 타겟팅 한다.

다섯째, 유튜브(YouTube)

동영상 콘텐츠를 중심으로 한 플랫폼으로, 교육, 엔터테인먼트, 제품 리뷰 등에 활용한다. 제품 튜토리얼, 고객 후기, 브랜드 스토리 등을 동영상으로 제작하고, 유튜브 광고를 통해 노출을 극대화한다.

여섯째, 인플루언서 마케팅(Influencer Marketing)

브랜드 이미지와 일치하는 인플루언서를 선정하여 협업한다. 협업 방식으로는 제품 리뷰, 공동 이벤트, 콘텐츠 제작 등을 통해 인플루언서의 팔로워에게 제품을 홍보한다.

소셜 미디어 마케팅은 지속적인 관리와 창의적인 접근이 필요하다. 플랫폼의 특성과 타겟 고객의 성향을 잘 이해하고, 이를 바탕으로 맞춤형 전략을 수립하여 효과적으로 활용하는 것이 중요하다.

④ 이메일 마케팅

이메일 마케팅은 기존 고객과 잠재 고객에게 직접적으로 메시지를 전달하여 브랜드 인지도 향상, 고객 유지, 구매 전환을 목표로 하는 전략이다. 이메일 마케팅은 비교적 저렴한 비용으로 높은 ROI(투자 대비 수익률)를 기대할 수 있는 효율적인 마케팅 방법이다.

⑤ 리타겟팅

리타겟팅 마케팅(Retargeting Marketing)은 이전에 웹사이트를 방문했지만, 구매하지 않은 잠재 고객에게 다시 광고를 노출하여 구매를 유도하는 전략이다. 리타겟팅은 고객의 관심을 지속해서 끌고, 구매를 촉진하는 데 매우 효과적이다.

⑥ 고객 리뷰 및 평점 관리

구매 완료한 고객에게 리뷰 작성을 요청하여 신뢰도를 높이고, 부정적인 리뷰에 대해서는 신속하고 적절하게 대응하여 고객 만족도를 유지한다.

⑦ 로열티 프로그램

구매 포인트를 적립하여 다음 구매 시 할인 혜택을 제공한다.

정기 구매 고객에게 특별 할인, 조기 접근 등의 멤버십 혜택을 제공하면 충성도가 올라간다.

⑧ 사용자 경험(UX) 개선

웹사이트를 최적화하여 모바일 친화적인 디자인, 빠른 로딩속도, 쉬운 네비게이션 등 사용자가 편리하게 경험할 수 있도록 해야 한다. 또한 간편한 결제 시스템을 도입하여 다양한 결제 옵션을 제공하고, 결제 과정을 단순화하여 구매 전환율을 높인다.

⑨ 데이터 분석 및 활용

고객 데이터를 분석하여 고객의 구매 패턴, 선호도 등을 분석하고, 개인화된 마케팅 전략을 수립한다. 고객에 대한 다양한 마케팅 전략을 테스트하여 가장 효과적인 방법을 도출한다.

이러한 검색엔진 최적화, 고객의 관심을 끄는 콘텐츠 제작, 다양한 기법과 마케팅을 통합적으로 활용하면 온라인 유통에서 효과적으로 제품을 판매하고, 고객 만족도를 높일 수 있다. 각 기법은 서로 보완하며 시너지 효과를 발휘할 수 있으므로, 상황에 맞게 적절히 조합하는 것이 중요하다.

온라인 유통 채널
입점 방법

① 스마트 스토어

스마트 스토어는 네이버가 제공하는 온라인 쇼핑몰 플랫폼으로, 네이버 검색, 쇼핑, 밴드, 블로그 등 네이버의 다양한 서비스와 연동되어 있다. 이 플랫폼은 개인이나 기업이 자신의 제품을 소개하고 판매할 수 있는 환경을 제공하며, 판매자로서의 경험이 없는 사람도 쉽게 온라인 비즈니스를 시작할 수 있도록 지원한다. 개인이나 기업이 쇼핑몰을 직접 만드는 경우 제작, 유지 보수, 홍보 등에 큰 비용이 소요되지만, 스마트 스토어를 이용하면 이런 비용이 무료이다. 그래서 개인이나 중소기업이 이용하기에 좋다.

　네이버 스마트 스토어에 입점하여 상품을 판매하고 싶다면 아래와 같은 단계를 따라 진행할 수 있다.

　첫째, 네이버 회원 가입

　네이버 스마트 스토어를 이용하기 위해서는 네이버 아이디가 필요하다. 네이버 아이디가 없는 경우에는 네이버에 가입해야 한다.

　둘째, 스마트 스토어 신청

　네이버에 로그인한 후 스마트 스토어 페이지로 이동한다. 필요한 정보를 입력하고 스마트 스토어를 생성한다.

　셋째, 상품 등록

　스마트 스토어에 판매할 상품을 등록한다. 상품명, 가격, 재고량, 상세 설명, 이미지 등을 포함하여 상품 정보를 입력한다. 네이버 스마트 스토어는 상품 등록할 때 옵션 설정이나 카테고리 등의 상세한 설정이 가능하다.

　넷째, 결제 및 배송설정

스마트 스토어에서 결제와 배송 관련 정보를 설정한다. 네이버 페이를 통한 결제 기능과 물류회사를 통한 배송 등의 설정을 통해 편리하게 판매를 진행할 수 있다.

다섯째, 디자인 설정

스마트 스토어의 디자인을 설정하여 고객들에게 더 매력적으로 상품을 소개한다. 배너 이미지, 슬라이드 등 다양한 디자인 설정이 가능하다.

여섯째, 마케팅 활동 및 판매 촉진

스마트 스토어 내에서 다양한 마케팅 활동을 진행하여 판매를 촉진한다. 특가 프로모션, 이벤트, 쿠폰 발행 등을 통해 고객 유치와 구매 유도를 진행한다.

일곱째, 지속적 고객 관리

주문 및 배송 처리 외에도 고객들의 문의 사항에 대한 신속하고 친절한 응대를 통해 고객 만족도를 높이고 재구매율을 증대한다.

네이버 스마트 스토어는 네이버 검색과 연동되어 있어 네이버 사용자들에게 상품이 노출되고, 네이버 쇼핑과 연결되어 사용자들에게 상품이 노출되는 등 다양한 마케팅 효과를 기대할 수 있다.

② 카카오 커머스

카카오 커머스는 카카오가 운영하는 온라인 쇼핑몰 플랫폼으로, 카카오톡 내에서 직접 상품을 판매할 수 있는 서비스이다. 기업과 소상공인은 카카오 커머스를 통해 카카오톡 이용자에게 상품을 소개하고 구매를 유도할 수 있다. 카카오 커머스에 입점하는 방법을 알아보자.

첫째, 카카오 비즈니스 파트너 등록

카카오 커머스에 입점하기 위해서는 먼저 카카오 비즈니스 파트너로 등록해야 한다. 카카오 비즈니스 파트너 등록은 카카오톡 비즈 메시지 서비스를 이용하기 위한 필수 절차이다.

둘째, 카카오 커머스 생성

카카오 비즈니스 파트너 등록이 완료되면 카카오 비즈니스 콘솔을 통해 카카오 커머스를 생성한다. 상점 이름, 카테고리, 상품 정보 등을 입력하여 카카오 커머스를 설정한다.

셋째, 상품 등록

카카오 커머스에 판매할 상품을 등록한다. 상품명, 가격, 재고량, 상세 설명, 이미지 등을 포함하여 상품 정보를 입력한다. 카카오 커머스는 상품 등록할 때 다양한 설정이 가능하다.

넷째, 결제 및 배송설정

카카오 커머스에서 결제와 배송 관련 정보를 설정한다. 카카오페이를 통한 결제 기능과 택배사와 배송 등의 설정을 편리하게 진행할 수 있다.

다섯째, 디자인 설정

카카오 커머스의 디자인을 설정하여 상품을 더욱 매력적으로 소개한다. 배너 이미지, 슬라이드 등 다양한 디자인 설정이 가능하다.

여섯째, 마케팅 활동

카카오 커머스 내에서 다양한 마케팅 활동을 진행하여 판매를 촉진한다. 할인 프로모션, 이벤트, 쿠폰 발행 등을 통해 고객 유치와 구매 유도를 진행한다.

일곱째, 고객 관리

주문 및 배송 처리 외에도 고객들의 문의 사항에 대한 신속하고 친절한 응대를 통해 고객 만족도를 높이고 재구매율을 높인다.

카카오 커머스는 카카오톡과 연동되어 카카오톡 이용자들에게 상품이 노출되고, 카카오톡 채널 챗봇을 통해 구매까지 직접 유도할 수 있다. 따라서 기업과 소상공인들에게 카카오 커머스는 매우 유용한 온라인 판매 채널이다.

온라인 홍보 마케팅

① 네이버를 이용한 홍보 마케팅

네이버를 이용한 온라인 유통 홍보 마케팅은 네이버의 다양한 플랫폼과 서비스를 활용하여 상품을 홍보하고 판매를 촉진하는 전략을 말한다. 네이버는 검색엔진, 쇼핑, 블로그, 카페, 지식인 등 다양한 서비스를 제공하고 있으며, 이를 활용하여 상품을 홍보하고 고객들과 소통할 수 있다. 네이버를 이용한 온라인 유통 홍보 마케팅에 대한 몇 가지 전략과 방법을 살펴보자.

첫째, 네이버 쇼핑

네이버 쇼핑은 온라인 쇼핑몰을 운영하고 상품을 판매할 수 있는 플랫폼이다. 네이버 쇼핑에 상품을 등록하여 노출하고, 검색 결과에서 상위에 노출되도록 SEO를 최적화한다. 상품 이미지와 설명을 잘 구성하여 고객의 눈을 사로잡고, 리뷰와 평점을 관리하여 신뢰성을 높인다. 이벤트 및 프로모션을 진행하여 고객의 관심을 유도하고 구매를 촉진한다.

둘째, 네이버 페이

네이버 페이는 네이버 플랫폼과 제휴 온라인 매장 전반에 걸쳐 안전하고 편리한 결제 솔루션을 제공한다. 사용자는 원클릭 구매를 할 수 있어 결제 시 편리함을 제공하며, 할인, 캐시백 혜택, 로열티 보상 등을 자주 제공하여 빈번한 사용과 고객 유지를 유도한다.

셋째, 네이버 블로그

네이버 블로그를 통해 상품과 관련된 유용한 정보를 제공하고, 제품 사용 가이드, 리뷰, 이벤트 등을 소개하여 고객들의 관심을 유도한다. 키워드를 활용한 포스팅을 작성하여 검색 결과에서 상위에 노출되도록 한다.

넷째, 네이버 카페

네이버 카페는 특정 주제나 관심사에 따라 모인 사용자들이 정보를 공유하고 의견을 나누는 커뮤니티이다. 상품과 관련된 카페에 가입하여 홍보를 진행하고, 고객과 소통을 통해 브랜드 인지도를 높인다.

다섯째, 네이버 톡톡

네이버 톡톡은 네이버와 오픈 카카오톡 플랫폼을 연동하여 고객과 실시간 채팅 상담을 진행할 수 있는 서비스이다. 상품 관련 문의나 구매 상담을 효율적으로 처리하여 고객 서비스를 향상하고 구매로 이어지도록 유도한다.

여섯째, 네이버 광고

네이버의 다양한 광고를 활용하여 상품을 홍보하고 노출도를 높인다. 검색 광고, 디스플레이 광고, 쇼핑 파워 등을 통해 타겟 고객층에게 직접적으로 광고를 노출한다.

네이버를 이용한 온라인 유통 홍보 마케팅은 네이버의 다양한 플랫폼과 서비스를 활용하여 상품을 홍보하고 판매를 촉진하는 것이다. 특히 네이버의 다양한 커뮤니티와 소셜기능을 활용하여 고객과의 소통을 강화하고 브랜드 인지도를 높일 수 있다.

② 인플루언서와 유튜버를 활용한 홍보

해당 플랫폼의 인기 있는 인플루언서들이나 채널을 활용하여 상품이나 서비스를 홍보하는 전략을 말한다. 인플루언서와 유튜버들은 자신의 팔로워나 구독자들에게 높은 신뢰도가 있으며, 그들의 콘텐츠를 통해 제품이나 브랜드를 소개하고 홍보함으로써 타겟 고객들의 관심을 끌고 판매를 유도할 수 있다.

첫째, 인플루언서 홍보 마케팅

인플루언서는 특정 분야나 관심사에 대해 큰 영향력을 가진 개인이나 전문가를 말한다. 인스타그램, 트위터, 페이스북 등의 소셜 미디어 플랫폼에서 자기 경험과 생각을 공유하고, 팔로워들과 소통한다.

인플루언서들은 자신의 팔로워들에게 상품을 추천하거나 사용 후기를 공유하여 제품에 대한 신뢰성을 높이고, 판매를 촉진한다.

기업은 자사의 제품이나 서비스를 인플루언서와 협력하여 제품을 소개하거나 이벤트를 진행할 수 있다.

둘째, 유튜브 홍보 마케팅

유튜브는 동영상 콘텐츠를 공유하고 시청할 수 있는 세계적으로 인기 있는 플랫폼이다. 유튜버는 자신의 채널을 통해 다양한 콘텐츠를 제작하여 수많은 구독자에게 공유한다.

유튜버들은 제품 리뷰, 사용 후기, 언박싱, 먹방 등의 다양한 콘텐츠를 통해 제품을 홍보하고 판매를 유도한다.

기업은 유튜버와 협력하여 제품 관련 콘텐츠를 제작하거나 스폰서십을 통해 제품을 소개하고 홍보할 수 있다.

셋째, 협찬과 스폰서십

인플루언서나 유튜버와의 협찬을 통해 제품을 홍보할 수 있다. 기업은 인플루언서나 유튜버에게 제품을 무료로 제공하거나 현금을 지급하여 그들이 제품을 소개하고 홍보하도록 유도한다. 이를 통해 인플루언서나 유튜버는 자신의 채널을 통해 제품을 홍보하고 팔로워들에게 추천하여 이익을 창출한다.

넷째, 이벤트와 콘텐츠 협력

기업은 인플루언서나 유튜버와 함께 다양한 이벤트나 콘텐츠를 협력하여 진행할 수 있다. 이벤트를 통해 팔로워들에게 경품을 제공하거나 콘텐츠를 제작하여 제품을 홍보한다.

인플루언서와 유튜버를 활용한 홍보 마케팅은 해당 플랫폼의 인기 있는 인플루언서나 채널을 활용하여 타겟 고객들에게 제품이나 서비스를 소개하고 홍보하는 효과적인 전략이다. 이를 통해 브랜드 인지도를 높이고 고객들의 관심을 끌어내어 판매를 촉진할 수 있다.

온라인 고객 서비스와
피드백 관리

온라인 마케팅을 전개할 때, 효과적인 온라인 고객 서비스와 피드백 관리는 고객 만족도를 높이고 브랜드 신뢰성을 강화하는 데 중요한 역할을 한다.

①온라인 고객 서비스 전략

첫째, 온라인 고객 서비스는 다양한 채널을 통해 제공된다.

• 이메일을 통해 고객의 질문이나 문제를 해결할 수 있다. 이메일은 빠른 응답과 친절한 피드백이 중요하다.

• 실시간 라이브 채팅 기능을 통해 고객이 즉시 도움을 받을

수 있도록 한다.

- 페이스북, 트위터, 인스타그램 등 소셜 미디어 플랫폼을 통해 고객 서비스 채널을 운영한다.
- 질문(FAQ)과 헬프 센터 페이지를 통해 고객이 질문에 대한 답변을 쉽게 찾을 수 있도록 한다.

둘째, 온라인 고객 서비스는 자동화 도구를 활용한다.

- AI 기반의 챗봇을 통해 기본적인 질문에 대한 자동 응답을 제공하여 고객이 신속히 필요한 정보를 얻을 수 있도록 한다.
- 자동 응답 시스템을 활용하여 고객이 질문을 보낸 즉시 응답을 받을 수 있도록 한다.

셋째, 온라인 고객 서비스는 개인화된 서비스를 제공한다.

- 고객의 구매 이력, 선호도 등을 바탕으로 개인화된 서비스를 제공한다. 이는 고객에게 특별한 대우를 받는 느낌을 줄 수 있다.

넷째, 온라인 고객 서비스는 고객 서비스 팀을 운영하여, 교육과 훈련을 통해 고객 응대 기술을 높인다. 문제 해결 능력, 커뮤니케이션스킬 등을 교육한다.

② 온라인 고객 피드백 관리

첫째, 고객 피드백 수집 방법은 어떻게 하는 것인가?

• 구매 후 이메일이나 팝업 설문조사를 통해 고객 만족도와 피드백을 수집한다.

• 웹사이트나 앱에 리뷰와 평점을 남길 수 있는 시스템을 도입하여 고객이 자유롭게 의견을 공유할 수 있도록 한다.

• 소셜 미디어 플랫폼에서 브랜드 언급을 모니터링하여 고객의 의견과 피드백을 수집한다.

둘째, 고객의 피드백을 분석한다.

• 수집된 피드백 데이터를 분석하여 고객의 불만 사항, 개선 요구사항 등을 파악한다. 이를 통해 서비스 개선 방향을 도출한다.

• 피드백의 감정적 톤을 분석하여 고객이 긍정적 또는 부정적 감정이 있는지 파악한다.

셋째, 고객의 피드백에 신속히 대응한다.

• 고객 피드백을 바탕으로 문제를 신속히 해결하고, 해결 과정을 고객에게 투명하게 공유한다.

• 긍정적인 피드백을 준 고객에게 감사의 메시지를 보내고, 부정적인 피드백을 준 고객에게는 문제를 해결하기 위해 노력하

고 있음을 알린다.

　넷째, 고객의 의견에 따라 지속적인 개선을 한다.

　　• 피드백을 통해 발견된 문제점과 개선 사항을 실제 서비스에 반영하여 서비스를 개선한다.

　　• 정기적으로 고객 피드백을 리뷰하여 최신 트렌드와 주요 문제점을 파악하고, 이에대한 대응 전략을 수립한다.

　　• 종합적인 고객 쇼핑 경험을 관리한다.

　고객이 브랜드와 상호작용하는 모든 접점을 시각화하여, 각 단계에서 고객의 쇼핑 경험을 개선할 기회를 분석한다.

　조직 전체에 고객 중심 문화를 형성하여 모든 직원이 고객 서비스와 피드백 관리를 중요시하도록 한다. 그리고 VOC (고객의 소리) 프로그램을 운영하여 고객의 의견을 적극적으로 듣고 반영하는 체계를 갖춘다.

　이와 같은 방법들을 통해 온라인 고객 서비스와 피드백 관리를 체계적으로 수행하면, 고객 만족도를 높이고, 긍정적인 브랜드 이미지를 구축할 수 있다.

온라인 경쟁 대응 전략

    온라인 시장의 치열한 경쟁에서 살아남기 위한 마케팅 전략에는 다양한 접근이 필요하다. 각 전략은 고객에게 차별화된 가치를 제공하고, 브랜드 인지도를 높이며, 시장 점유율을 확대하는 데 중요한 역할을 한다. 주요 전략과 그에 관한 내용을 살펴보자.

① 독특한 가치 제안

- 경쟁사와 차별화된 제품, 서비스를 제공하여 고객의 관심을 유도한다. 예를 들어 혁신적인 기능, 고품질의 소재, 맞춤형 옵션 등의 제공을 통해 경쟁사와 차별화할 수 있다.
- 고객의 특정 문제나 니즈를 해결할 수 있는 솔루션을 제시

하여 고객에게 실질적인 가치를 제공하고, 브랜드 충성도를 높인다.

• 감성적이고 공감할 수 있는 브랜드 스토리를 통해 고객과 깊은 유대관계를 형성한다. 브랜드의 역사, 미션, 비전 등을 공유하여 고객의 마음을 사로잡는다.

② 차별화된 브랜드아이덴티티 구축

• 자사 브랜드만의 고유한 이야기를 통해 감성적으로 고객에게 다가간다.

• 로고, 컬러스킴(Color scheme 색감. 웹사이트에서 사용하는 색상의 조합), 톤앤매너(브랜드를 표현하는 일관된 말투와 어조의 컨셉)등 브랜드의 시각적, 언어적 요소를 일관되게 유지하여 브랜드 인지도를 높인다.

• 모든 마케팅 채널에서 일관된 브랜드 메시지를 전달하여 신뢰성을 구축한다.

• 브랜드가 추구하는 가치와 철학을 명확히 하고, 이를 고객에게 꾸준히 전달한다. 예를 들어, 친환경 제품, 제품의 안전성, 윤리경영, 사회적 책임과 같은 가치가 있다.

• 모든 접점에서 긍정적인 고객 경험을 제공하여 브랜드에 대한 신뢰와 충성도를 구축한다. 사용자 친화적인 웹사이트, 탁월한 고객 서비스 등이 있다.

③검색엔진 최적화

• 경쟁사보다 우위를 점할 수 있는 키워드를 찾아 최적화한다.

• 검색엔진에서 상위 노출될 수 있도록 유익하고 질 높은 콘텐츠를 제공한다.

④ 유료 광고

• 키워드 광고를 통해 검색 결과 상단에 제품을 노출한다.

• 페이스북, 인스타그램, 링크드인 등의 플랫폼에서 타겟팅 광고를 진행한다.

• 이전에 웹사이트를 방문한 사용자들에게 다시 광고를 노출하여 재방문을 유도한다.

⑤ 타겟 시장의 세분화

• 고객의 나이, 성별, 지역, 소득 수준, 구매 행동 등 다양한 기준에 따라 시장을 세분화한다.

• 세분된 각 시장에 맞춤형 마케팅 전략을 수립한다. 예를 들어, 젊은 층을 대상으로는 소셜 미디어 마케팅을, 중장년층을 대상으로는 이메일 마케팅을 강화할 수 있다.

⑥ 기술 혁신과 디지털 전환

- 최신 기술을 도입한다. 인공지능(AI), 머신러닝(ML), 빅데이터 분석 등을 활용하여 고객의 행동을 분석하고, 맞춤형 마케팅을 전개한다.
- 웹사이트, 모바일 앱 등 디지털 플랫폼을 최적화하여 고객이 원활하게 쇼핑하고 정보를 얻을 수 있도록 한다.
- 마케팅 자동화 도구를 활용하여 이메일 캠페인, 소셜 미디어 게시물 등을 효율적으로 관리하고 운영한다.

⑦ 가격과 프로모션 전략

- 경쟁사와 비교하여 경쟁력 있는 가격을 설정하고, 고객이 인식하는 가치를 높이는 데 중점을 둔다.
- 할인, 쿠폰, 이벤트, 리워드 프로그램 등 다양한 프로모션을 통해 고객의 구매를 유도한다.
- 구독 기반 모델을 도입하여 고객의 지속적인 구매를 유도하고, 안정적인 수익을 창출한다.⑧ 친환경, 사회적 책임과 투명 경영(ESG)
- 친환경 경영을 한다. 지속 가능한 소재 사용, 에너지 절약, 재활용 등을 통해 환경에 미치는 영향을 최소화한다.
- 공정 무역, 사회적 기업과의 협력, 지역 사회 환원 등을 통

해 사회적 책임을 다한다.

- 고객에게 투명하게 경영 활동을 공개하고, 신뢰를 구축한다.

⑨ 종합 전략

- 옴니채널 전략

온라인과 오프라인을 통합하여 일관된 고객 경험을 제공한다. 예를 들어, 온라인에서 주문하고 오프라인 매장에서 픽업할 수 있도록 하는 등의 시스템을 제공한다.

- 고객 리뷰와 피드백을 적극 활용하여 제품과 서비스를 개선하고, 긍정적인 리뷰를 마케팅에 활용한다.
- 고객 데이터와 마케팅 데이터를 분석하여 마케팅 전략을 지속해서 최적화한다.
- 시장 변화와 트렌드에 빠르게 대응하여 마케팅 전략을 유연하게 조정한다.

이와 같은 전략들을 통해 경쟁적인 온라인 시장에서 차별화된 가치를 제공하고, 고객의 신뢰를 얻으면, 지속 가능한 성장을 이룰 수 있다.

⑧ 친환경, 사회적 책임과 투명 경영(ESG)

• 친환경 경영을 한다. 지속 가능한 소재 사용, 에너지 절약, 재활용 등을 통해 환경에 미치는 영향을 최소화한다.

• 공정 무역, 사회적 기업과의 협력, 지역 사회 환원 등을 통해 사회적 책임을 다한다.

• 고객에게 투명하게 경영 활동을 공개하고, 신뢰를 구축한다.

⑨ 종합 전략

• 옴니채널 전략

온라인과 오프라인을 통합하여 일관된 고객 경험을 제공한다. 예를 들어, 온라인에서 주문하고 오프라인 매장에서 픽업할 수 있도록 하는 등의 시스템을 제공한다.

• 고객 리뷰와 피드백을 적극 활용하여 제품과 서비스를 개선하고, 긍정적인 리뷰를 마케팅에 활용한다.

• 고객 데이터와 마케팅 데이터를 분석하여 마케팅 전략을 지속해서 최적화한다.

• 시장 변화와 트렌드에 빠르게 대응하여 마케팅 전략을 유연하게 조정한다.

이와같은 전략들을 통해 경쟁적인 온라인 시장에서 차별화된 가치를 제공하고, 고객의 신뢰를 얻으면, 지속 가능한 성장을 이룰 수 있다.